소쉬르는 이렇게 말했다

동시대성과 사유 이미지

소쉬르는 이렇게 말했다
동시대성과 사유 이미지

초판 1쇄 인쇄 2017년 4월 20일
초판 1쇄 발행 2017년 4월 25일
–
지은이 최용호
펴낸이 이방원
편　집 홍순용·김명희·이윤석·안효희·강윤경·윤원진
디자인 손경화·전계숙
마케팅 최성수
–
펴낸곳 세창출판사
신고번호 제300-1990-63호
주소 03735 서울시 서대문구 경기대로 88 냉천빌딩 4층
전화 02-723-8660　**팩스** 02-720-4579
이메일 edit@sechangpub.co.kr　**홈페이지** http://www.sechangpub.co.kr
–
ISBN 978-89-8411-675-7 93760

이 도서의 국립중앙도서관 출판시도서목록(CIP)은 서지정보유통지원시스템 홈페이지(http://seoji.nl.go.kr)와
국가자료공동목록시스템(http://www.nl.go.kr/kolisnet)에서 이용하실 수 있습니다.(CIP제어번호: CIP2017009366)

동시대성과 사유 이미지

소쉬르는 이렇게 말했다

최용호

세창출판사

머리말

2016년 한 학기 동안 〈페르디낭 드 소쉬르, 동시대성과 사유 이미지〉라는 주제로 강의를 진행했다. 이 책의 내용은 이 강의에 토대를 둔 것이다. 소쉬르의 『일반언어학 강의』 출간 100주년을 스스로 기념하기 위해 한 권의 책을 감히 출간하고자 용기를 냈을 때 직접 강의한 노트를 책으로 엮는 것보다 더 좋은 방법이 없을 것으로 생각했다. 『일반언어학 강의』가 학생들의 노트를 바탕으로 엮은 책이기도 하거니와 기한 내에 탈고해야 한다는 부담감을 견디기 위해서는 이를테면 '한 주에 한 번'이라는 강의의 리듬이 절실히 필요했기 때문이리라. 한 학기 동안 무척 고통스러워 하며 매주 5쪽에서 8쪽 분량 정도의 강의록을 작성했다. 중간고사와 기말고사 기간을 제외하면 한 학기는 14주로 구성되어 있다. 이 책이 14장으로 구성된 이유가 여기에 있다. 필자보다 더욱 고통스러워 하며 수업에 임한 한국외국어대학교 국제지역대학 프랑스학과 학생들에게 감사의 마음을 전하고 싶다. 이들의 호기심 어린 표정 덕분에 끝까지 포기하지 않고 강의를 마칠 수 있었음을 이제서야 고백한다.

차
례

_ 약어 표기

1. 『그리스어, 라틴어, 독일어 단어를 작은 수의 어근으로 환원하기 위한 시론*Essai pour réduire les mots du grec, du latin et de l'allemand à un petit nombre de racines*』:『시론』
2. 『인도유럽어 원시모음 체계에 관한 논고*Mémoire sur le système primitif des voyelles dans les langues indo-européennes*』:『논고』
3. 『일반언어학 노트*Ecrits de linguistique générale*』:『노트』
4. 『일반언어학 강의*Cours de linguistique générale*』:『강의』
5. 『전설에 대한 연구*Recherches sur la légende germanique*』:『전설』
6. 『아나그람에 대한 연구*Recherches sur les anagrammes*』:『아나그람』
7. *Cours de linguistique générale. Edition critique par Rouldolf Engler*:『강의 비판본』
8. *Le leggende germaniche*(전설에 대한 연구): *LG/MM*
9. *Les mots sous les mots*(아나그람에 대한 연구): *MSM*

1장
비둘기 걸음

2016년은 소쉬르의 사후 저작『일반언어학 강의』가 출간된 지 정확히 100주년이 되는 해이다. 이를 기념하기 위해 프랑스와 스위스를 비롯하여 여러 나라에서 크고 작은 학술대회가 개최되기도 했다. 지금으로부터 약 50년 전, 그러니까 1966년 에밀 벤베니스트^{Emile Benveniste}는 『일반언어학 강의』의 시대적 의의를 되새기면서 다음과 같이 니체를 인용한다.

소쉬르가 사망한 지 3년 후에 발리와 세수에가 학생들의 공책에 의거해서 편집한『일반언어학 강의』가 출간됐다. 1916년 병기 부딪치는 소리로 가득 찬 세상에서 누가 한 권의 언어학 전문서적에 관심을 두었겠는가? 위대한 사건은 비둘기 걸음으로 도래한다는 니체의 말이 이보다 더 진실인

적은 없었다.[1]

벤베니스트가 언급한 니체를 직접 인용해 보자. 『차라투스트라는 이렇게 말했다』에 등장하는 "니체의 말"은 다음과 같다.

그러자 다시 속삭이듯 내게 말하는 것이 있었다. "폭풍을 일으키는 것, 그것은 더없이 잔잔한 말들이다. 비둘기 걸음으로 찾아오는 사상. 그것이 세계를 끌고 가지."[2]

3000만 명 이상의 사상자를 낸 것으로 기록된 1차 세계대전은 주지하다시피 1914년에 발발하여 1918년 독일의 항복으로 종결됐다. 1916년 세계대전이 한창일 때, 벤베니스트의 표현을 그대로 옮기자면 "병기 부딪치는 소리로 가득"한 전장의 한복판에서 『일반언어학 강의』가 출간된 것이다. 전쟁의 폐허 속에서 탄생한 한 권의 책. 소쉬르의 말을 빌리자면 이 책에는 언어학자가 하는 일이 과연 무엇인지에 관해 "아무런 열정 없이" 담담한 어조로 써 내려간 그의 말들이 담겨 있다. 병기들이 부딪치는 요란한 소리와 "잔잔한 말들"이 대조를 이루는 당시의 상황을 떠올려 보자. 벤베니스트가 니체를 인용한 의도는 분명해 보인다. 온갖 신무기들이 부딪치는 굉음이 수그러들자 차츰 "잔잔한 말들"이 모여 폭풍우를 일으키기 시작한다. 1916년에 "비둘기 걸음으로 찾아온 사상"은 이제 곧 20세기를 이끌고 갈 것이다. 한 권의 책이 한 세기를 바꿔 놓을 수 있을까? 지난 세기에 그런 일이 일어났다. 20세기는 1916년에 시작된 것이다.

이 책에서 다루고자 하는 소쉬르는 이처럼 한 시대를 연 세기의 사상가로서의 소쉬르다. 이 세기에 과연 어떤 이름을 부여할 수 있을까? 17세기의 고전주의, 18세기의 계몽주의, 19세기의 낭만주의에 버금가는 이름, 그것은 분명 구조주의일 것이다. 프랑스 철학자 질 들뢰즈는 「구조주의를 어떻게 식별할 것인가?」라는 글에서 구조주의를 새로운 사유 질서를 도입한 사상운동으로 소개한다. 그에 따르면 구조주의 이전의 세계는 현실적인 것le réel과 상상적인 것l'imaginaire이라는 두 개의 범주로 이해되고 설명됐다. 지성사적 관점에서 구조주의의 공헌은 여기에 상징적인 것le symbolique을 추가한 것이다. 앞으로의 논의에서 구조주의 사유의 중핵으로 자주 언급될 들뢰즈의 다소 긴 텍스트를 인용해 보자.

첫 번째 규준: 상징적인 것

우리는 현실적인 것과 상상적인 것의 구분이나 상관관계에 익숙해져 있다. 아니, 그렇게 생각할 수밖에 없도록 조건 지어져 있다. 우리의 사유는 늘 이 두 개념 사이의 변증법적 놀이를 시도한다. 고전 철학이 지성이나 순수 오성에 대해 말할 때도 문제가 되는 것은 늘 상상 작용의 능력들과 관련해, 또 그에 대립해 심층적 현실/실재, '참된' 현실/실재, 현실/실재 자체를 파악하는 능력이었다. 매우 상이한 창조적 운동들을 열거해 보자. 낭만주의, 상징주의, 초현실주의 ⋯ 이들은 때로 현실적인 것과 상상적인 것이 서로 관통하고 서로 결합하는 초월적 점을 제시한다. 또 때로 그들[현실적인 것과 상상적인 것]의 날카로운 경계선을 그들의 차이를 가르는 선으로서 제시한다. 어쨌든, 낭만주의, 상징주의 등에 대한 전통적 해석에 입각하는 한, 이 모두는 상상적인 것과 현실적인 것의 대립과 상보에 입각해 있다. 프로이트주의까지도 두 가지 원리 —기만하는 힘을 동반하는 현실 원리와 환각적인 만족의 힘을 동반하는 쾌락 원리— 의 관점에서 해석된다. 더 나아가 융과 바슐라르의 것들을 비롯한 방법들은 현실적인 것과 상상적인 것, 그들의 복잡한 관계의 틀 —초월적 통일성과 모두冒頭의 긴장, 융합과 갈라짐— 내에 위치한다.

그런데 구조주의의 첫 번째 규준은 바로 제3의 질서, 제3의 영역, 즉 상징적인 것의 질서/영역의 발견이다. 상징적인 것을 상상적인 것과도, 현실적인 것과도 혼동하지 않으려는 것이 구조주의의 일차적 차원을 구성한다. 여기에서도 역시 모든 것은 언어학과 더불어 시작한다. 현실적인 말과 그 음성적 부분들을 넘어, 말들에 연합되는 개념들과 이마주image들을 넘어서, 구조주의 언어학은 전혀 다른 본성의 한 요소, 즉 구조적 대상을 발견한다.[3]

소쉬르가 도입한 것은 단지 언어학의 새로운 방법론이나 인식론만이 아니다. 그는 무엇보다 새로운 사유의 질서를 도입하고자 했다. 들뢰즈가 언급한 '구조적 대상'은 이 질서 위에서만 포착 가능한 것이다. 이 질서는 '현실적인 것'도 '상상적인 것'도 아니다. 그것은 들뢰즈가 구조주의의 7가지 규준 가운데 자크 라캉의 용어를 차용해 첫 번째 규준으로 제시한 이른바 '상징적인 것'이다. 정신분석학적 개념을 소쉬르의 용어로 번역해 보자. 상징적인 것은 차이적·대립적·부정적인, 한마디로 관계적인 것이다. 여기서 관계적이란 '이것'과 '저것'이 이런 저런 관계 하에 놓여 있다는 말이 아니라 무엇보다도 먼저 관계가 '이 것'과 '저것'을 차이적·대립적·부정적으로 규정함을 뜻한다. 바로 이 것이 소쉬르가 도입하고자 했던 관계적 사유의 질서이며, 20세기를 연 구조주의의 핵심 테제다.

푸코는 『말과 사물』에서 세기적 인물의 대표적인 사례로 돈키호테, 벨라스케스, 니체를 언급한다. 돈키호테는 유사의 시대에, 벨라스케스는 재현의 시대에, 니체는 의미의 시대에 각각 속한 것으로 다루어진다. 이들이 세기적 인물의 전범으로 인용된 이유는 한편으로 이처럼 한 세기를 대표하면서도 다른 한편으로 이 세기의 한계를 동시에 노정했기 때문이다. 돈키호테는 지속적으로 유사의 미혹에 빠짐으로써 자신의 의도와는 상관없이 그 세계의 거짓을 폭로하는 희극적인 인물이다. 벨라스케스는 「시녀들」에서 자신이 그림을 그리는 장면을 그리는, 다르게 말해 재현을 재현하는 시도를 선보인다. 재현은 대상을 주체의 시선 앞으로 소환하는 힘이다. 푸코는 재현의 시대를 예고한 이 작품이 재현을 재현함으로써 재현의 대상이 모호해지고 그 힘이 사라지는 역설적인 움직임을 세밀하게 분석한다. 니체가 의미의 시대를 열었다면 그것은 그가 누구보다도 이 시대의 무의미성을 잘 포착했기 때문이리라. 바로 이런 이중의 의미에서 소쉬르는 시대적 사상가로 간주될 수 있다. 20세기를 열었을 뿐만 아니라 이 세기의 한계를 그 누구보다도 먼저 예감한 인물. 소쉬르 사후 50주년을 기념하면서 벤베니스트는 그의 이러한 예후적인 삶을 "사고의 드라마"로 요약한다.

> 그것은 특히 사고의 드라마였다. 소쉬르는 조금씩 자신의 고유한 진리의 주인이 되어 가면서 자신의 시대와 멀어졌다. 왜냐하면 이 진리는 언어에 관해 당시 교육되고 있던 모든 것을 던져 버리게끔 했기 때문이다.[4]

앞의 인용문과는 다르게 벤베니스트는 위에서 니체를 명시적으로 인용하지는 않는다. 다만 삶 자체가 하나의 증상으로 암시되어 있을 뿐이다. 이러한 증상으로서의 삶을 가장 잘 보여 주는 '모범적인' 사례가 여전히 니체가 아닌가? "사고의 드라마"라는 연극적 표현 속에 『비극의 탄생』의 저자가 숨어 있고 "자신의 시대와 멀어진", "진리의 주인"이라는 표현 속에 『반시대적 고찰』의 저자가 숨 쉬고 있다면 이는 지나친 해석일까? 50년의 세월이 흐르고 이제 100주년을 기념하기 위해 지금 여기서 또다시 니체를 인용하고자 하는 이유는 무엇보다 소쉬르를 시대의 사상가로 바라본 벤베니스트의 거시적 전망을 계속 이어 가기 위함이다.

'소쉬르는 이렇게 말했다'라는 다소 웅변적인 이 책의 제목은 니체의 단순한 패러디가 아니라 좀 더 적극적인 의미에서 니체적 문제설정, 다시 말해 하나의 세기가 의문에 부쳐지는 문제제기적인 지점을 형상화한 정식이다. 이 문제제기적인 지점에서 구체적으로 제기될 물음은 '동시대성'과 '사유 이미지'라는 이 책의 부제에 담겨 있다.

오늘날 왜 소쉬르를 다시 읽어야 할까? 이러한 물음은 어디서 오는 것일까? 이 의문문에서 가장 중요한 표현은 아마도 '오늘날'이라는 시간부사일 것이다. 스위스 언어학자 페르디낭 드 소쉬르는 주로 19세기에 활동했던 언어학자다. 물론 그는 20세기 가장 영향력 있는 책의 '저자'로 알려져 있다. 앞으로 이 '저자'라는 표현에 대해 좀 더 진지하게 다시 검토하게 될 기회가 있을 것이다. 다만 여기서는 소쉬르가 결코 책을 쓴 적이 없다는 사실만을 환기하도록 하자. 흥미롭게도 그는 19세기 사람들에게는 18세기 사람처럼, 다시 말해 이미 사라져 가는 귀족 계급을 대표하는 사람처럼 비춰지기도 했다. 그런데 21세기 벽두에 왜 소쉬르를 다시 읽어야 할까? 이러한 요청, 부담은 어디서 오는 것일까? 고전의 반열에 이미 올라선 『일반언어학 강의』는 '언제든지' 그리고 '누구든지' 읽어 볼 필요가 있는 교양도서의 목록에 포함되어 있다. 하지만 '언제든지'는 '오늘날'이 아니다. 왜 '오늘날'인가? 바로 이 질문에 대답하기 위해 '동시대성'이라는 비평적 개념에 호소하고자 한다. 이 용어가 뜻하는 바는 앞으로 논의가 전개되면서 좀 더 구체적인 형태로 제시될 것이다. 여기서는 우선 니체의 『반시대적 고찰』에 등장하는 몇몇 문구들만을 인용하는 것으로 만족하고자 한다. 요컨대 동시대적이란 반시대적임을 뜻한다.

즉 항상 그럴 시간이 되었고, 지금은 그 어느 때보다 그럴 시간이며 또 필요한 것 — 진리를 말하는 것이 여전히 반시대적이라고 여겨지는 동안만이다.[5]

이 고찰이 반시대적인 것은, 시대가 자랑스러워하는 역사적 교양을 내가 여기서 시대의 폐해로, 질병과 결함으로 이해하려 하기 때문이며, 또 심지어 나는 우리 모두가 소모적인 역사적 열병에 고통을 받고 있으며 적어도 우리가 고통을 당한다는 사실을 인식해야 한다고 믿기 때문이다.[6]

고전 문헌학이 반시대적으로 —다시 말해 시대와 대립해서, 그렇게 함으로써 시대에 그리고 바라건대 앞으로 도래할 시대를 위해— 영향을 미치는 것 외에 우리 시대에 어떤 의미가 있는지 나는 잘 모르기 때문이다.[7]

그 어느 때보다도 오늘날, 아니 그 어느 때와 마찬가지로 오늘날에도 '소모적인 역사적 열병에 고통'을 받고 있다면 '항상 그럴 시간'이 된 것이다. 무슨 시간인가? '우리가 고통을 당한다는 사실을 인식해야 한다고 믿어야' 하는 시간, 한마디로 진리를 말할 시간이다. 여기서 진리는 그것이 도덕적인 것이든 정치적인 것이든 과학적인 것이든 크게 문제가 되지 않는다. 오직 시간적 양태만이 문제가 된다. 니체는 위에서 진리의 시간성을 반시대적인 것으로 정식화하고 있다. 반시대적인 것, 다시 말해 그 시대와 가장 어긋나 있는 것은 바로 그렇기 때문에 그 시대의 모순을 가장 잘 보여 줄 수 있다. '항상 그럴 시간'이라는 니체의 시간성은 이처럼 어긋남의 양태로 존재한다. 소쉬르는 시대를 앞서가기도 했고 뒤처지기도 했으며 시대에 파묻혀 지내기도 했다. 하지만 그는 시간이 흐르면 흐를수록 점점 더 자신의 시대와 어긋나기 시작했다. 바로 이러한 '어긋남'이 특정한 시대를 넘어 오늘날 그와의 동시대적 만남을 가능하게 하는 것이 아닐까? 주지하다시피 소쉬르는 넓은 의미에서 그리고 좁은 의미에서 평생 문헌학자로 살았다. 그의 '고전 문헌학'이 여전히 '어떤 의미'를 지니고 있다면 그것은 '반시대적'인 것에 한에서가 아닐까?

이 책에서 다루고자 하는 것은 소쉬르의 사유 체계라기보다는 사유 이미지다. '체계'가 논리적으로 잘 짜인 하나의 구조를 형성하는 것이라면 '이미지'는 이러한 체계 주변에 어른거리는 힘들의 자유로운 움직임, 다시 말해 결코 타협할 줄 모르는 물음의 힘을 가리킨다. 소쉬르의 사유 체계는 대부분의 언어학 개론서에 이분법적으로 잘 정리되어 있다. 여기서 이 체계를 다시 요약할 필요는 없을 것이다. 세기의 사상가로서 소쉬르를 재조명하기 위해 필요한 것은 이 체계에 이르는, 이 체계 주변을 배회하는 사유의 움직임, 생성 중인 사유의 몸짓, 들뢰즈의 표현을 빌리자면 이른바 사유의 '생식성'을 가급적 그대로 드러내는 것이리라.

이 책에서 다루게 될 소쉬르의 텍스트는 모두 7개다. 『그리스어, 라틴어, 독일어 단어를 작은 수의 어근으로 환원하기 위한 시론*Essai pour réduire les mots du grec, du latin et de l'allemand à un petit nombre de racines*』, 『인도유럽어 원시모음 체계에 관한 논고*Mémoire sur le système primitif des voyelles dans les langues indo-européennes*』, 「취임 강연*Conférences à l'Université de Genève*」, 『일반언어학 노트*Ecrits de linguistique générale*』, 『일반언어학 강의*Cours de linguistique générale*』, 『전설에 대한 연구*Recherches sur la légende germanique*』, 『아나그람에

대한 연구*Recherches sur les anagrammes*』가 그것이다. 이 텍스트들은 1874년에서 1911년에 이르기까지 약 40여 년에 걸쳐 '작성된' 것이다. 하나하나 이들의 내용을 상세하게 검토하는 것은 이 책의 목적이 아님을 먼저 분명히 밝혀 두자. 그러한 연구들은 이미 상당수 존재하며 여기에 또 하나의 유사한 연구를 추가할 필요는 없을 것이다. 2013년 존 조지프John E. Joseph가 옥스퍼드 대학 출판사에서 780쪽에 달하는 『소쉬르*Saussure*』를 펴낸 이후 그동안 소쉬르 지적 전기에 드리웠던 신비의 베일은 완전히 벗겨졌다. 앞으로 이 책을 넘어설 소쉬르 연구가 나오기는 힘들 것이다. 모든 것이 다 밝혀진 한 작가의 벌거벗은 삶에 다시 무슨 말을 덧입힐 수 있을까? 소쉬르에 관한 또 한 권의 책을 구상하면서 나는 상당히 망설일 수밖에 없었다. 다시 한 번 더 강조하자면 이 작은 분량의 책에서 나의 관심은 이 텍스트 주변에 '출몰'하는 소쉬르의 사유 이미지에 놓여 있다. 이 책의 주장은 다음과 같다. 17세 소년 소쉬르에서 56세 노년 소쉬르에 이르기까지 위에 제시된 모든 텍스트에서 동일한 사유의 이미지가 어른거린다. 앞으로 소쉬르의 사유 이미지는 크게 두 가지 측면에서 논의될 것이다. '변별적 환원'과 '문자적 혹은 용어법적 추상화'가 그것이다. 바로 이 이중의 몸짓이 한 세기를 닫고 또 한 세기를 연 것이다. 변별적 환원은 이전 시대의 재현적 사유와는 완전히 다른 사유 방식을 가리킨다. 이러한 사유 방식을 가능하게 한 것이 새로운 사유의 질서를 연 문자적, 혹은 용어법적 추상화다. 이 두 가지 사유의 움직임이 방금 제시한 소쉬르 텍스트 전체를 관통하고 있다는 것이 이 책에서 내가 앞으로 옹호하고자 하는 강력한 테제다. 소쉬르는 이러한 이중의 몸짓을 통해 말하자면 새로운 사유의 질서를 열 수 있었고 동시에 절망적으로 그 질서의 한계에 부딪혔다. 그는 자신의 시대와, 그리고 도래할 시대와도 결코 타협하지 않았다. 그의 사고는 계속해서 어긋나 있었다. 이제 '동시대성'과 '사유 이미지'라는 두 개의 모티프를 바탕으로 소쉬르의 텍스트 조각들을 하나하나 짜 맞추어 가면서 지난 세기의 드라마, "사고의 드라마"를 무대 위에 다시 올려 보자.

/

2장
책의 운명

/

　모든 이야기는 주인공이 고향을 떠나는 것으로 시작해서 다시 고향으로 되돌아오는 것으로 끝이 난다. 소쉬르의 삶도 언뜻 이러한 전형 서사의 논리에서 크게 벗어나 있지 않은 것처럼 보인다. 소쉬르는 10대 후반에 제네바를 떠나 라이프치히와 베를린 그리고 파리를 거쳐 30대 중반에 제네바로 되돌아온다. 하지만 그의 드라마는 고향으로 돌아온 뒤에야 본격적으로 시작된다. 이 "사고의 드라마"에 하나의 제목을 붙인다면? 아마도 '책의 운명'이 가장 적합하지 않을까? 아무도 쓰지 않은 책. 이제 이 책에 대한 이야기를 시작해 보자.

　10여 년 동안의 파리 생활을 접고 1891년 다시 제네바로 돌아온 소쉬르는 1913년 세상을 떠나기 전까지 한 시대를 풍미했던 언어학자로서 줄곧 한 가지 부담을 떠안고 살았다. 그것은 책에 대한 부담이었다. "언어학 분야에서 당시 통용되던 용어들 가운데 어떤 의미를 부여할 만한 용어가 단 하나도 존재하지 않는다"는 불편한 진실을 담담한 어조로 증언하고자 오래전부터 기획된 한 권의 책. 당시 소쉬르는 그의 고백에 따르자면 '편지공포증'에 사로잡혀 있었다. 편지를 써도 부치지 못하기 일쑤였다. 그는 일반언어학에 관한 책을 출간하기 위해 수많은 수고를 쓰기는 썼지만 결론을 맺지 못했다. 소쉬르의 완벽주의를 탓해야 할까? 결국 소쉬르는 책의 출간을 포기했고 역설적으로 '그 덕분에' 『일반언어학 강의』가 마침내 출간될 수 있었다. 아이러니한 책의 운명이다.

지난 몇 년 동안 나는 한 가지 부담에서 벗어나려고 애를 썼다. 그것은 책에 대한 부담이었다. 출판사로부터 〈사상가산책〉 시리즈에 포함될 『소쉬르 읽기』에 대한 집필 의뢰를 받은 것은 2012년 12월 한 해가 끝나갈 무렵이었다. 출판사 관계자에 따르면 〈사상가산책〉 시리즈와 더불어 〈명저산책〉 시리즈가 기획 중이었으며, 〈소쉬르의 『일반언어학 강의』 읽기〉는 이미 저자가 정해진 터였다. 소중한 제안이었음에도 왠지 선뜻 받아들이기가 망설여졌고 그럼에도 불구하고 수락했다. 그리고 얼마 지나지 않아 다시 고민에 빠졌다. 1997년 프랑스 파리 10대학에서 미셸 아리베 ─ 프루스트를 패러디한 두 권의 책, 즉 『페르디낭 드 소쉬르를 찾아서 *A la recherche de Ferdinand de Saussure*』와 『다시 찾은 소쉬르 *Saussure retrouvé*』의 저자이기도 하다 ─ 교수의 지도하에 『소쉬르의 시간 문제 *Le problème du temps chez Saussure*』로 박사학위를 받고 난 이후 수 편의 저서와 역서 그리고 논문을 발표했다. 돌이켜 보면 '소쉬르'를 주제로 글을 쓸 때마다 매번 소쉬르 사상의 시의성에 방점을 찍고 '어제'의 위인이 아닌 '오늘'의 주역으로서의 소쉬르, 구조주의라는 20세기 사유의 패러다임을 떠안고 있을 뿐만 아니라 후기 구조주의와도 맞닿아 있는 이른바 '살아 있는 현재'의 소쉬르를 부각시키고자 부단히 애써 왔다. 그동안 전공자로서의 소명에 적극 부응하기 위해 나름대로 최선의 노력을 경주했다고 그만 자부한 탓일까? 20세기는 완전히 저물었고 '살아 있는 현재'는 이제 '죽은 과거'가 됐기 때문일까? 3년 동안 여러 차례 작업을 미루다가 더는 미룰 수 없어 결국 2015년 1월 집필 포기 의사를 담담하게 ―아뿔싸, '당당하게' 라고 쓸 뻔했다― 출판사에 전달했다. 『소쉬르 읽기』의 저자가 새로 정해졌다는 소식을 전해 들은 것은 그 이후 한참 시간이 흐른 뒤였다.

부담감에서 벗어나 모처럼 홀가분한 기분으로 곧바로 오랫동안 미뤄왔던 일을 실천에 옮기기로 마침내 결심했다. 지금 돌이켜 보면 왜 그랬을까 한심스럽고 정말 후회스럽다. 공부방을 정리하기로 결심한 것이다. 말끔히 책장 정리를 끝내고 얼마 지나지 않아 갑자기 한 기관으로부터 소쉬르 강연을 부탁 받았다. 『소쉬르 읽기』 원고 청탁을 거절한 그해 4월이었다. 출간 제안은 거절했지만 강연 제안은 차마 거절할 수 없었다. 그럼에도 불구하고 다시 고민에 빠졌다. 책장을 정리하면서 10박스에 달하는 소쉬르 관련 자료들을 모두 처분해 버렸기 때문이다. 지적知的 아버지를 정말로 살해하고자 했던 것일까? 그 박스 안에 그동안 목숨처럼 소중하게 간직했던 소쉬르의 석사학위 논문과 박사학위 논문이 들어 있었다는 사실을 나중에 가서야 깨달았다. 또다시 결정을 번복해야 하는 것일까? 아무런 자료도 없이, 참고문헌도 없이 소쉬르에 대해 과연 무슨 말을 할 수 있을까? 아무런 근거도 없이 '오늘'이라는 특별한 맥락도 없이 그에 대해 아직도 해야 할 말, 하고 싶은 말을 과연 찾아낼 수 있을까? 한 작가에 대한 숭고한 '애도 의식'을 홀로 치르고 나자 불쑥 한 기관으로부터 연락이 온 것이다. 종종 소쉬르는 현대 언어학의 '아버지'라 불린다. 물론 현대 언어학의 아버지가 한 명이 아니라는 조건 하에서 말이다. 저편으로 떠나보낸 '아버지'를 이편으로 불러내는 일을 또다시 반복해야 할까?

당시 내가 처한 어처구니없는 상황을 여기서 다소 극적으로 재연한 이유는 소쉬르 연구에서 이러한 상황이 예외적인 것이 아니라 오히려 범례적임을 환기하기 위해서다. 예를 들어『일반언어학 강의』편집인들이 소쉬르의 강의를 책으로 엮고자 했을 때 그들에게 참고자료로 주어진 것은 학생들의 공책을 제외하면 거의 아무것도 없었다. 무슨 연유에서일까? 강연을 마치고 나는 다시 출판사에 연락을 취했다. 집필 '의뢰'를 받았던 출판사로부터 집필 '허락'을 받아 낸 것은 그해 8월이었다. 돌이켜보면 충분한 시간이 주어졌음에도 불구하고 집필을 계속 미루고 결국 포기했던 까닭은 소쉬르에 관한 너무나 많은 자료 때문이었는지도 모른다. 솔직히 고백하자면 소쉬르를 처음부터 다시 읽을 자신이 없었다. 소쉬르 관련 자료들을 거의 다 처분하고 나자 그제야 소쉬르에 관한 글을 다시 쓸 수 있게 된 것이다. 책의 운명의 아이러니는 반복되는 것일까?

1913년 2월 11일 소쉬르를 떠나보낸 그의 동료이자 제자들 곧 발리 Bally, 세슈에Sechehaye, 고티에Gautier가 스승을 다시 불러낼 모종의 '계획'을 품고 소쉬르 부인Marie de Saussure으로부터 이에 대한 공식 허가를 받아 낸 것은 같은 해 6월 22일이었다. 소쉬르 부인은 소쉬르의 제자이자 친구 요 동료인, 그리고 무엇보다 뒤메질Dumézil, 벤베니스트, 마르티네Martinet 로 이어지는 20세기 프랑스 언어학의 대부인 앙투안 메이에Antoine Meillet 에게 보낸 5월 25일 자 서신에서 이 계획에 대해, "출판을 너무 서둘러 서 그만 시간을 갖고 좀 더 온전하게 수행할 수 있는 작업이 다소 훼손 될 수도 있지"[8] 않을까라는 우려를 조심스럽게 드러내기도 했다. 이 러한 우려의 표명은 예지적인 것이었을까? 그 이듬해에 1차 세계대전 이 발발했다. 하지만 좀 더 중요한 현실적인 문제는 따로 있었다.

주지하다시피 소쉬르는 1906년부터 1911년까지 격년으로 3차례에 걸쳐 제네바 대학에서 일반언어학에 대한 강의를 진행했다. 발리와 세슈에가 모의한 계획은 소문난 이 강의를 좀 더 많은 독자에게 접근 가능한 것으로 만들기 위해 책의 형태로 출간하자는 것이었다. 애초 이 계획은 이들에게 비록 서두른다고 해도 큰 무리는 없을 것으로 보 였다. 왜냐하면 빼어난 강의에 빼곡한 강의노트가 잘 준비되어 있을 것으로 앞서 판단했기 때문이다. 이들의 성급한 판단은 완전히 빗나 갔다. 이들이 소쉬르 개인 연구실의 책상 서랍을 샅샅이 뒤져 찾아낸 것이라곤 단지 메모지 수준의 노트뿐이었다. 소쉬르가 책장 정리를 말끔히 해서 그랬던 것은 물론 아닐 것이다. 궁여지책으로 이들은 학 생들의 공책을 참조하기로 했다. 다행히 당시 학생들 ―1차 강의에는

6명이, 2차 강의에는 11명이, 3차 강의에는 12명이 각각 수강했다—은 기특하게도 스승의 말 한마디 한마디를 놓치지 않고 비교적 충실히 받아 적었다. 직업이 속기사인 학생의 공책이 오히려 가장 허술했을 정도였다. 물론 그렇다고 해서 학생들의 공책을 그대로 출간할 수는 없는 노릇이었다. 게다가 소쉬르는 같은 강의를 매번 다르게 접근했다. 발리와 세슈에는 학생들이 받아 적은 공책, 좀 더 정확히 말하자면 주로 3차 강의를 수강한 콘스탄틴Emile Constantin의 공책을 참고삼아 서둘러 스승의 강의를 옮겨 적기 시작했고, '누군가'의 공책은 '모두'의 책이 됐다. 이 과정에서, 다시 말해 받아 적은 것을 옮겨 적는 과정에서 불가피하게 스승의 목소리는 사라졌다. 이들이 충실히 옮겨 적었는지는 그동안 숱한 논란을 불러일으켰다. 로베르 고델의『페르디낭드 소쉬르의 일반언어학 강의 수고 원자료*Les sources manuscrites du Cours de linguistique générale de F. de Saussure*』(1957), 루돌프 엥글러의『일반언어학 강의 비판본*Cours de linguistique générale*』(1968) 등은 이러한 논란에 대응하기 위해 이루어진 문헌학적 작업의 소중한 결실들이다. 어쨌든 1916년 드디어『일반언어학 강의』가 출간됐고, 그렇게 20세기가 시작됐다.

지금 여기 우리 앞에 20세기 사상사의 기원이 된 한 권의 책이 놓여 있다. 이 책의 '저자'는 이 책에 서명하지 않았다. 물론 서명할 수도 없었겠지만 결코 서명하지도 않았을 것이다. '저자'의 미망인도 대신 서명하기를 주저했다. 학생들도 이 책이 정말로 자신들이 들었던 바로 그 강의인지 무척 의아해 했다. 영원히 서명되지 않은 기원(책)의 기원(소쉬르? 편집인? 학생?)에 대한 불신의 장벽이 컸던 탓일까? 이후 오히려 역설적으로 소쉬르라는 저자의 이름을 당당히 내건 책들이 쏟아져 나오기 시작했다. 이는 책의 운명이 갖는 또 다른 아이러니가 아닐 수 없다. 이른바 소쉬르 문헌학의 역사가 시작된 것이다. 여기서 잠시 이 역사의 일부만을 소개하도록 하자. 해리스Roy Harris와 고마쓰Eisuke Komatsu가 1989년에 3차 강의를 받아 적은 한 학생의 공책을, 고마쓰와 울프George Wolf가 1996년에 1차 강의를 받아 적은 한 학생Albert Riedlinger의 공책을, 1997년에는 2차 강의를 받아 적은 한 학생의 공책을 그대로 출간했다. 그런데 과연 어느 교수가 자신의 강의를 받아 적은 학생들의 공책을 그대로 출간하도록 허락하고 그 책에 서명할 수 있을까? 부재의 기원은 계속해서 기원의 부재만을 지속적으로 드러낼 뿐이다.

1911년 5월 6일 일반언어학 제3차 강의가 거의 막바지에 다다른 시점에 급히 소쉬르와 한 학생과의 면담이 성사됐다. 기특하게도 학생의 관심은 시험 문제나 평가 방식이 아니라 스승의 언어 이론에 관한 것이었다. "저와 학생들은 선생님의 고유한 언어 이론에 대해 일부분만이라도 좀 더 알고 싶습니다." 고티에라는 이름의 이 학생은 당돌하게 "선생님, 왜 이 모든 내용을 책으로 출간하지 않는 것이지요?"라고 물었다. 스승은 예의 겸손함으로 이렇게 대답했다. "물론 그렇게 하려고 오래전부터 생각했었지요. 그동안 많은 노트를 작성했어요. 그런데 그만 수많은 수고더미와 자료더미 속에 잃어버리고 말았지 뭡니까. 도무지 그것들을 다시 찾을 수가 없네요." 소쉬르는 책장 정리를 말끔히 한 것이 아니라 수고 더미에 쌓여 도무지 정리를 할 수가 없었던 것이다!

역사의 운명이란 우연과 필연이 교차하는 공간에 섬광처럼 침투하는 역설이 아닐까? 1996년 제네바 소재 소쉬르 저택 오랑주리의 내부 공사를 진행하던 도중 한 인부가 중요한 것으로 보이는 종이 뭉치를 발견했다. 『언어의 이중 본질에 관하여De l'essence double du langage』라는 제목이 달린 200여 쪽에 달하는 두툼한 이 수고 뭉치는 소쉬르가 잃어버렸다고 안타까워한 바로 그 노트였다. 학생들의 노트가 책으로 출간되고 80년이 지난 이후 우연적으로 그리고 필연적으로, 한마디로 운명적으로 스승의 노트가 발견된 것이다. 이 노트는 『일반언어학 노트』라는 제목으로 프랑스 갈리마르 출판사가 2002년에 출간했다. 이 노트에서 소쉬르는 강의라는 틀에 얽매이지 않고 자기 생각을 좀 더 자유롭게, 그리고 좀 더 복잡하게 전개한다. 하지만 … 이 노트 역시 그저 미완의 노트일 뿐이 아닌가? 장담컨대 소쉬르는 학생들의 공책 뿐만 아니라 자신의 미완의 노트를 그대로 출간하는 것에 절대 서명하지 않았을 것이다. 그의 사유는 말로는 계속해서 더듬거렸고 글로는 절대 굳어지지 않았다. 기원의 철저한 부재가 20세기 사상사의 진정한 기원이라고 할 때 이 부재는 끊임없이 생성 중인 부재이리라.

어쩌면 우리는 학생들의 공책에서, 미완의 노트에서, 수고 더미에서 저자의 '서명'이 아니라 그의 흐릿한 '이미지'만을 추적해 볼 수 있는지 모른다. 미처 사유가 되지 못한 이미지 말이다. 사실 오래전부터 나는 소쉬르의 언어학 사상을 시니피앙과 시니피에, 랑그와 파롤, 공시태와 통시태, 연상과 통합체 등 몇 가지 이분법으로 정리하는 일에

별로 흥미를 느끼지 못했다. 아마 책장을 정리하면서 소쉬르 관련 문헌들을 모두 처분한 것도, 출판사의 제안을 거절한 것도 그 이유 때문이었을 것이다. 하지만 강연 원고를 준비하면서 오랫동안 잊고 있던 이미지 하나가 어렴풋이 떠오르기 시작했다. 고티에가 살아생전 스승의 모습을 회고한 대목에서 왠지 나도 모르게 머뭇거릴 수밖에 없었다. "기품이 있고 지극히 나이가 든, 항상 피곤해 보이지만 꿈을 꾸는 듯한, 불안정한 슬픔과 당혹감을 늘 지닌 한 신사." 몇 안 되는 낱말들을 여러 차례 곱씹어 보는 동안 저편으로 떠나보낸 '아버지'를 다시 이편으로 불러들이고 싶은 오랜 유혹에 서서히 다시 빠져들기 시작했다. 지금 나한테는 소쉬르에 대한 자료가 없다. 소쉬르의 사상을 혹은 '이렇다' 혹은 '저렇다'라고 규정해 줄, 증명해 줄, 논증해 줄 자료들이 사실은 늘 그랬듯이 부재한다. 오늘 여기서 지금 아무런 서명도 보증도 없이 단지 유혹의 취기만으로 이야기하고자 하는 '나의' 소쉬르는 '어제'의 소쉬르도 '오늘'의 소쉬르도 아니다. 이제 20세기는 저물었고 『일반언어학 강의』는 고전의 반열에 올랐다. 오늘 여기서 다시 잠시 환기하고자 ─기억은 항상 믿을 만한 것이 못 되지만 그렇다고 과연 무엇을 확실히 믿는다고 장담할 수 있을까?─ 하는 것은 발리와 세슈에 이후 소쉬르의 문헌학자들이 밝혀내고자 끈질기게 추적해 온 '소쉬르의 참된 사상'이 아니라 기억 저편에서 여전히 흐릿한, 하지만 너무나도 매혹적인 '소쉬르'라는 하나의 '사유 이미지'다. 책의 운명 속에 각인된 하나의 '이미지', 자신의 시대와 어울리지 못했을 뿐만 아니라 자기 자신과도 절대 타협할 줄 몰랐던 어떤 고집스러운 이미지가 깊숙한 침묵 속에서 불안정한 슬픔과 당혹감, 완벽한 절망을 나의 귓가에 속삭인다. 그의 말들을 아무 것도 적혀 있지 않은 빈 종이에 받아 적어 보자. 소쉬르는 이렇게 말했다.

3장

너무나 이른, 너무나 늦은

먼저 아리베 교수의 강의실에서 받아 적은 노트를 펼쳐 보자. 현대 언어학의 창시자 중 한 사람으로 간주되는 페르디낭 드 소쉬르는 1857년 제네바에서 태어났다. 지크문트 프로이트는 1856년생이고, 에밀 뒤르켐은 1858년생이다. 에드문트 후설은 1859년생이다. 프로이트는 정신분석학의 아버지이고 뒤르켐은 현대 사회학의 창시자이다. 후설은 현상학이라는 새로운 철학적 방법론을 고안했다. 19세기에 태어났지만 사상사적으로 20세기에 속한 이들은 모두 여러 분과 학문들의 '아버지'이고 '창시자'이다. 소쉬르 사유의 운명적인 성격은 이들처럼 현대 언어학이라는 분과 학문에서 '아버지'나 '창시자'의 역할을 떠안은 것뿐만 아니라 가장 넓은 의미에서, 예컨대 푸코가 말한 '에피스테메'라는 거시적 전망에서 말하자면 20세기라는 하나의 공간을 구획해 낸 것에 있다고 할 수 있다.

16살이 되던 해에 —14살에 이미 그리스어, 라틴어, 영어, 독일어를 구사할 수 있었고 17살에는 산스크리트어를 독학한— 소년 소쉬르는 우연히 그리스어에서 규칙적인 음운 현상을 관찰하고 대담하게 하나의 법칙을 구상한다. 즉, *n*과 *a* 사이에 연속성이 존재한다는 것이다. 예를 들어 그리스어 동사 '말하다'는 인칭에 따라 *legometa*(we say)와 *legontai*(they say)로 활용된다. 여기서 일인칭 복수 어미는 –*meta*이고 삼인칭 복수 어미는 –*ntai*이다. '정리하다'라는 그리스어 동사의 일인칭 복수는 *tetagmeta*(we have arranged things in order)이다. 그렇다면 삼인칭 복수는 *tetachntai*(they have arranged things in order)가 되어야 한다. 그런데 *tetachatai*로, 다시 말해 *n*이 *a*로 활용되어 나타난 것이다. 소년 소쉬르는 이처럼 *n*이 *a*로 변하는 여러 사례를 조사하고 이들을 설명할 하나의 법칙을 정식화한다. 그는 이 사실이 지극히 평범한 것이어서 학계에 이미 잘 알려져 있을 것이라고 판단했다. 4년 뒤 독일의 라이프치히 대학에 입학했을 때 그는 자신의 판단이 성급했다는 사실을 깨닫고 좌절한다. 당시 독일 언어학계는 특정한 조건하에서 그리스어 *a*가 *n*의 음가를 대신한다는 새로운 발견으로 대단히 떠들썩해 있었다. 소년 소쉬르가 시대를 너무 앞서 나간 탓이다! 그리고 그는 계속해서 앞서 나갔다. 그러한 만큼 좌절의 깊이도 더해졌다. 1879년 청년 소쉬르는 『인도유럽어 원시 모음 체계에 관한 논고』라는 제목으로 석사학위 논문을 발표한다. 그는 인도유럽어의 음운 체계를 당시 잘 알려진 음운법칙에 기대 공통의 가설적 조어祖語와 연결 짓는 300쪽에 달하는 상당히 야심 찬 작업을 선보였다. 그는 가설적 조어의 원시 모음 체계에 개입하는 어떤 '미지의 요인'을 가정하여 음성변화의 과정을 설명하고자 했다. 향음상수$^{coefficient\ sonant}$라는 순전히 논리적인 추론에 의해 상정된 이 요인의 존재는 석사학위 논문 발표 이후 반세기가 지난 1927년 히타이트 어로 쓰인 점토판이 해독되면서 경험적으로 입증됐다. 석사학위 논문 발표 당시 소쉬르의 나이는 21세였다. 23세에 『산스크리트어에서 절대적 속격의 용법에 관하여*De l'emploi du génitif absolu en Sanscrit*』(95쪽 분량)로 박사학위를 받았다. 그러나 불행하게도 독일 대학과 학계에서 그의 연구는 인정받지 못했다. 시대를 너무 앞서 나간 탓일까? 아니면 그의 천재성을 시기한 독일 학자들의 질투 때문일까? 당시 젊은 문법학자들 사이에서 막 유행하기 시작한 역사언어학의 '실증주의적인' 지형도를 석사학위 논문 하나로 뒤집은 혁명적인 공로가 조용히 그리고 철저히 외면당했다. 19세기는 그의 세기가 아니었는지도 모른다.

1880년 소쉬르는 라이프치히에서 파리로 자리를 옮겼다. 독일에서와는 달리 그는 프랑스 학계로부터 전폭적인 지지와 환영을 받았다. 마침내 그는 제자리를 찾았고 자신의 삶에서 최고의 전성기를 맞게 된다. 말하자면 1880년에서 1891년까지가 그가 가장 활발하게 활동한 벨에포크$^{Belle\ Epoque}$라고 할 수 있다. 이 시기 프랑스는 프로이센과의 전쟁에서 패한 뒤 자존심 회복을 위해 대대적인 교육 개혁을 단행하고 있었다. 그 개혁의 중심에 프랑스 언어학의 초석을 다진 미셸 브레알$^{Michel\ Bréal}$과 그가 절대적으로 신임하는 소쉬르가 있었다. 브레알은 프란츠 보프Franz Bopp의 제자이자 번역가(『보프의 인구제어의 비교 문법』을 프랑스어로 번역함)이고, 『의미론 시론Essai de Sémantique』의 저자이기도 하다. 또한 쿠베르탱과 더불어 올림픽 부활에도 기여했고 현대 마라톤 경기를 고안하기도 했다. 파리 체류 기간 소쉬르는 대부분의 시간을 고등연구실천학교에서 강의하고 그가 17세부터 정식 회원으로 가입한 파리언어학회Société Linguistique de Paris 총무로서 활동하는 것으로 보냈다. 그의 강의는 전 유럽에서 몰려든 100여 명의 학생들로 항상 붐볐다고 한다. 당시 수강생이었던 메이에는 스승의 이미지를 다음과 같이 증언한다.

> 그의 인격은 그의 학문을 사랑하게끔 만들었다. 우리는 그의 꿈꾸는 듯한 푸른 눈이 그토록 엄밀하게 실체를 바라보고 있다는 사실을 알고 놀라지 않을 수 없었다. 조화롭고 부드러운 그의 목소리는 문법적 사실의 건조함과 거칢을 상쇄했다. 귀족적이고 젊은이 특유의 우아함은 언어학에 고상한 활력을 더했다.

훗날 수강생들은 소쉬르를 아마도 19세기의 매혹적인 주인공으로 떠올렸을 것이다. 19세기 역사비교문법의 판도를 뒤흔든 천재 언어학자쯤으로 말이다. 오히려 그를 20세기의 인물로 만든 것은 10여 명 남짓했던 제네바 대학의 학생들이다. 1891년 소쉬르는 그동안의 공로를 인정받아 프랑스 정부로부터 레지옹 도뇌르라는 훈장을 받았으며 고등연구실천학교로부터 교수직을 제안받았다. 그러나 개인적 사정으로 소쉬르는 이 제안을 거절하고 제네바로 돌아와야 했다. 그는 8남매의 장남이었고 가계를 잇기 위해 스위스 명문 가문의 딸과 결혼하기로 예정되어 있었다. 그는 제네바 대학에서도 계속해서 강의했다. 그는 1891년부터 '비정상extraordinary' 교수, 즉 강사로서 강의하다가 1896년에 '정상ordinary' 교수로 임명됐다.

라이프치히 시기에 소쉬르는 글을 썼고 또 출간했다. 파리 시기에는 낮에는 강의에 열중했고 밤에는 여러 사교 모임에 참석했다. 그는 천재였고 귀족이었고 무엇보다 젊었다. 제네바 시기에 소쉬르는 수많은 분량의 수고, 일반언어학에 관한 것뿐만 아니라 아나그람과 전설에 관한 수백 쪽에 달하는 원고를 작성했지만 거의 발표하지는 않았다. 그의 사후에는 그가 쓰지 않은 글들이 발표됐다. 결과적으로 그가 쓰고 발표한 글은 석사학위 논문과 박사학위 논문, 그리고 몇 편(5~6쪽 분량)의 전문적인 학술논문이 전부였다. 제네바에 와서 그는 계속해서 글을 쓰기는 썼지만 완성하지는 못했다. 점점 그의 말은 그의 사유의 극단을 따라잡지 못했고, 그의 글은 그의 말의 머뭇거림을 끝맺지 못했다. 라이프치히 시기에 그는 자신의 시대를 너무 앞서갔다. 파리 시기에 그는 자신의 시대를 정신없이 쫓아갔다. 제네바 시기에 그는 자신의 시대와 어울리지 못했고 자기 자신과도 어긋났다. 그의 사유는 점점 더 반시대적인 것이 되어 갔다.

그런 그에게는 단 하나의 확신만이 있었다. 언어와 관련해서 지금까지 쓰인 모든 것이 완전히 잘못됐다는 확신. 당시 언어학 분야에서 통용되던 용어들, 예컨대 형태, 의미, 문법, 비교, 언어 등 완전히 잘못

정의된 용어들에 기대는 것은 더 이상 가능하지 않다. 그보다는 특정 언어의 복잡성에 기초한 일반 이론을 새롭게 구축할 필요가 있다. 이를 위해 무엇보다 개념적 도구들을 쇄신해야 한다. 일반언어학에 관한 한 권의 책을 집필하고자 했던 주된 동기는 다름 아니라 그의 동료들에게 자신의 이러한 확신 —의심의 다른 이름 아닌가?— 을 진지하게 묻기 위해서였다. 과연 이러한 물음보다, 다시 말해 자신의 동료들에게 그들의 활동 전반에 대한 불신을 표출하는 것보다 더 반시대적인 것이 있을 수 있을까? 그의 사유의 움직임은 언제나 늘 '마침표'가 아니라 '물음표'로 끝났기 때문에 결코 끝날 수 없었는지 모른다. 그의 물음 —의심의 또 다른 이름 아닌가?— 을 다시 이어 가는 것, 바로 이것이 오늘날 소쉬르를 다시 읽어야 하는 이유가 아닐까?

4장

소년 베르길리우스

"천재 언어학자는 철학자이자 시인이었다." 소쉬르의 지적 전기를 단 네 단어로 요약한 이 짤막한 문장은 2001년 6월 23일 자 제네바 일간 신문에 실린 한 기사의 긴 제목이다. 『소쉬르 사후 1세기』라는 주제로 같은 해 같은 달 23일에서 27일까지 닷새 동안 스위스 제네바와 프랑스 아르샹 두 곳에서 동시에 개최된 소쉬르 국제학술대회를 기념하기 위해 기획된 이 일간 신문의 특집호에는 「제네바에서 다시 찾은 수고手稿」, 「소쉬르의 보고寶庫」, 「선구적 영혼」 등의 제목을 단 기사들이 게재되어 있다. 소쉬르는 천재라는 칭호에 딱 어울리는 언어학자였다. 무엇보다 약관의 나이에 발표한 석사학위 논문 하나로 당대 주류 언어학의 연구 경향을 뒤바꾼 경이적인 이력 덕분이다. 『인도유럽어 원시모음체계에 관한 논고』는 외적 재구만을 인정하던 실증주의적 독사^{doxa}에 맞서 내적 재구의 가능성을 타진하고 입증한 탁월한 사례로 손꼽힌다. 이론의 여지 없이 소쉬르는 천재 언어학자였다. 그의 장기 비유와 비트겐슈타인의 언어게임이론이 종종 비교되고 논의되듯이 그의 언어사상 속에는 현대적인 철학적 성찰이 담겨 있고 20세기 철학자들, 예를 들어 메를로-퐁티, 푸코, 리쾨르, 데리다, 들뢰즈 등에게 상당한 영향을 미쳤지만 그가 실제로 철학적 탐구에 몰두했거나 대학 강단에서 철학을 강의한 적은 없다. 그는 엄밀한 의미에서 철학자는 아니었다. 기사 제목에서 언급된 '철학자'라는 영예로운 지위는 다분히 수사학적인 것에 불과하다. 이와 다르게 '시인'이라는 칭호는 단순히 수사학적인 것만이 아니다. 비록 문단에 등단한 적은 없어도 소쉬르는 제네바 대학에서 『프랑스 시작법 ― 16세기에서 오늘날까지 그 법칙에 대한 연구*Le cours de versification française; Une étude de ses lois du XVIe siècle à nos jours*』라는 제목으로 1899년에서 1909년까지 강의했으며, 1906년에서 1909년까지 아나그람 연구에 몰두하기도 했다. 무엇보다 그는 여러 편의 시를 쓰고 발표한 이색적인 이력이 있다. 예를 들어 1875년 바칼로레아 학위를 받을 당시 문학경진 대회에서 「생의 투쟁*Le combat de la vie*」, 「타오르는 불꽃*Le feu sous la cendre*」 등의 시를 발표하여 대상을 수상하기도 했다. 당시 그의 나이 18세였다. 소쉬르의 전기 작가 존 조지프는 소쉬르가 그 뒤 시작^{詩作}을 그만둔 것에 대해 그의 "완벽주의"⁹⁾성향 때문이라고 진단한다. 소년 소쉬르의 시작은 이미 완벽했고 18세에 그는 스스로 붓을 꺾은 것이다.

생의 투쟁

불현듯 뜻 모를 기쁨에 사로잡혀
미소를 띠며 손에 쥔 양날의 검을 그는 닦는다.
한 가지 자부심뿐, 한 가지 생각뿐.
고결하게 로마인으로 죽는 것.

수만 년 전부터 끊임없는 쟁투 속에서
잇따라 죽어 간 살아 있는 모든 존재들처럼.
최후의 순간을 목도하는 것에 어느 신이 기쁨을 느끼겠는가?
그 순간을 계속 목도하기 위해 생명을 부여하는 것에.

Combat de la vie

Alors pris tout‐à‐coup d'une joie insensée

Il essuie en riant son glaive de la main.

Il n'a plus qu'un orgeuil et plus qu'une pensée:

Tomber avec noblesse et tomber en Romain.

Tels depuis cent mille ans dans leur lutte infinie

Tous les êtres vivants ont péri tout à tour.

Quel dieu prend donc plaisir à voir cette agonie,

Et, pour le voir défendre, à leur donner le jour?[10]

타오르는 불꽃

석양의 노을빛으로 물든

벽난로 앞에 보이는 아버지와 두 아들.

저녁 시간의 독서를 막 끝낸 것일까.

성경을 읽은 까닭은 이 날 위그노 노인이

저 높은 곳을 앙망해야 했기 때문이리라.

바로 여기 셋이 모여 꿈꾸듯 진지하게

혼돈 속에서 신비한 의미를 구한다.

어두운 운명이 다가오는 것일까

잿더미에서 타오르는 어느 모호한 불행

Le feu sous la cendre

Seuls on voit éclairés d'une rouge lueur

Le père et ses deux fils devant la cheminée.

La lecture du soir vient d'être terminée

C'est la Bible qu'on lit; car le vieux huguenot

A bien besoin, ces jours, de regarder là-haut.

Et les voilà tous trois, rêveurs et sérieux

Cherchant dans ce chaos un sens mystérieux

Et si le destin sombre aussi leur fait attendre

Quelque vague malheur qui couve sous la centre[11]

소년 소쉬르의 예민한 가슴에 처음으로 시정을 불어넣은 뮤즈는 그의 중학교 친구 앙리 르 포르Henri Le Fort의 사촌으로 그녀의 이름은 레오니 드 웨스터웰러Léonie de Westerweller였다. 당시의 애끓는 상황을 그려 보자. 유럽 젊은 연인들의 오랜 전통에 따라 소년 소쉬르는 그녀가 사는 집 창가에서 그녀의 모습을 훔쳐보며 세레나데를 읊는다. 우연히 그녀와 만날 수 있는 기회를 얻기 위해 댄스파티에도 참석하지만 끝내 그녀가 나타나지 않자 그만 애를 태우고 만다. "그대만이 유죄라오, 사랑스런 레오니." 미래의 언어학자는 시적으로 이상적으로 순진무구하게 자신의 뮤즈를 탓할 수밖에 없었다.

오직 그대만이 유죄라오 사랑스런 레오니,

가장 은밀한 나의 생각을 드러내고픈 열정에

이따금 시구를 감히 읊조린다.

그대를 연모할 때 매혹적인 조화로움은

살며시 한숨과 뒤섞이고

불타는 나의 심장은 기억 깊은 곳에서

장밋빛 입술의 목소리, 노래하는 소리가 들린다.

불경스러운 일이리라, 그대에게 산문으로 말 건네는 것.

Vous seule êtes coupable, aimable Léonie,

Si, jaloux d'exprimer mes pensers les plus chers

Je me risque parfois à murmurer des vers:

C'est qu'en pensant à vous la charmante harmonie

Vient, qu'on l'appelle ou non, de mêler au soupir

Et que le coeur épris qui dans son souvenir

Entend chanter la voix de votre bouche rose

Le sent presque profane en vous parlant la prose. [12)]

위에서 소년 소쉬르는 사랑스러운 연인에게 말을 건넬 때 산문이
아니라 오직 운문으로, 감히 시로 말을 건넬 수밖에 없음을 토로한다.
또 다른 한 편의 시는 좀 더 과감하고 감각적이다.

신비롭다, 어느덧 여명은

커튼 사이로 장밋빛 빛줄기를 내비치고.

내 가슴, 내 심장에 기댄 사랑스런 얼굴

여전히 깊은 잠, 포근포근히 탐스러운 짐

그녀의 입술을 스치듯 단 한 번의 입맞춤만으로

깨어나리라 그녀와 열정 그녀의 목소리, 그녀의 눈,

그녀의 사랑, 그녀의 애무, 그녀와 타오르는 애무 죄어오는 부드러움을

이끌리라 욕망으로, 사랑으로.

Déjà l'aurore a glissé curieuse

Un rayon rose au travers du rideau.

Sur ma poitrine ⟨Contre mon sein⟩ une tête amoureuse

Sommeille encore, tiède et charmant fardeau.

Un seul baiser qui frôlerait sa bouche

En l'éveillant rendrait ⟨à un désir⟩ ~~ses transports à un amour~~

Sa voix, ses yeux, ~~son amour, ses caresses~~

~~Ses brulantes caresses~~

et ses tendres étreintes[13]

쓰고 지운 흔적에서 언어를 앞지른 정념의 과잉이 이상적이고 순진무구한 형태로 차츰 세공되어 가는 것을 엿볼 수 있다. 레오니의 부친 앙리 드 웨스트웰러Henri de Westerweller는 소쉬르의 부친 앙리 드 소쉬르 Henri de Saussure에게 그의 장인의 재산배분 문제와 관련하여 상당한 손해를 입힌 장본인이어서 소쉬르와 레오니의 만남 자체가 두 가문 사이에 큰 분란을 일으킬 수도 있었다. 다행히 그리고 불행히 소쉬르는 로미오가 아니었고 레오니는 더더욱 줄리엣이 아니었다. 둘의 만남은 끝내 이루어지지 않았고 소쉬르는 대신 자신의 시를 다른 여인에게 보여 줬다. 그녀는 곧바로 사랑의 정념에 사로잡혔다. 그 뒤 소쉬르는 계속 시는 썼지만 더 이상 연애 시는 쓰지 않았다. 독감에 걸려 심하게 앓았을 때 그를 돌보던 가정교사가 그와 사랑에 빠지기도 했다. 이를 눈치챈 소쉬르의 모친은 오랜 고민 끝에 가정교사를 해고했다고 한다. 프랑스 고등연구실천학교 교수직 제안을 거절하고 서둘러 제네바에 돌아온 뒤 그 이듬해, 그러니까 1892년 마리 페슈Marie Faesch와 결혼한 소쉬르는 비로소 안정적인 가정생활을 영위할 수 있게 된다. 일설에 의하면 이 중매결혼은 경제적으로 어려움에 처한 가문의 위기를 타개하기 위한 것이었다고 한다. 필자는 아리베 교수의 지도하에서 동문수학한 아카타네 수에나가 교수와 2001년 제네바에서 개최된 소쉬르 국제학술대회에서 다시 만날 기회가 있었다. 그때 수에나가 교수는 문득 하버드 대학 도서관에 보관된 자료 속에 가끔 등장하는 ♡ 표시에 대한 이야기를 꺼내면서 소쉬르의 전기 속에 또 다른 이야기가 숨어 있지 않을까 하는 의심을 내비쳤다. 소쉬르의 첫사랑은 끝내 마지막 사랑이었을까? 그렇다면 ♡라는 기호는 무엇을 뜻하는 것일까? 잠시 상상을 접어 두고 소쉬르에게 직접 물어보자.

산책하면서 나는 아무 말도 하지 않은 채 재미 삼아 나무에다 하나의 홈을 새겨 놓았다. 나와 함께 걷던 동행은 자연스럽게 이 홈에 대한 생각을 떠올릴 것이다. 바로 이 순간부터 그는 의심의 여지없이 내가 새겨 놓은 홈에 두서너 가지 생각들을 연결할 것이다. 나는 그냥 재미 삼아 어떤 신비감을 주려고 했을 뿐인데도 말이다.[14]

고등학교 시절 프랑스어 시간에 발표한 그의 시는 그의 친구였던 르메트르Lemaître가 50년이 지나도 여전히 생생하게 기억하고 있을 정도로 인상적인 것이었다고 한다. 「소년 베르길리우스」라는 제목의 시에서 소년 베르길리우스는 소쉬르 자신을 가리킨다. 당시 교사였던 브레이야르Braillard는 소쉬르의 시가 프랑스의 베르길리우스라고 불리는 자크 델릴Jacques Delile의 시보다 더욱 뛰어나다는 칭찬을 아끼지 않았다고 한다.

소년 베르길리우스

소년 베르길리우스, 부드러운 금발의 베르길리우스는 종종
아버지와 함께 진흙반죽 놀이를 하고 나서
꿈꾸는 듯한 눈빛으로, 비밀의 오솔길로 사라진다.
찔레나무로 둘러싸인 민초 강을 따라 길게 뻗은 오솔길
다리 위 좁은 길을 따라
숲속에서 길을 잃고 이리저리 헤매며
장난기가 발동하는 곳, 새들이 부르는 곳이라면 어디든 뜀박질한다.
그는 숲을 사랑했다. 메아리로
은밀한 반나절의 시간으로, 저 높은 고대의 궁륭으로
영원하고 숭고한 성가로 가득 차 있는 숲.
감동적인 동요로 가득 차 있는 소음들.
그는 숲을 사랑했다. 바람이 불어
노송은 흐느끼고 가지는 바스락거린다.

숲의 목소리, 그것은 태고의 목소리이며.

시인이 잊힌 세기를 사랑했던 까닭이다.

Virgile enfant

Souvent Virgile enfant, le doux et blond Virgile

Ayant avec son père pétri l'argile

S'échappait, l'oeil rêveur, dans les secrets sentiers

Qui 〈longeaient〉 le Mincio, tout bordés d'églantiers;

Puis au-delà du pont, quittant la route étroite,

S'égarait dans les bois, courait à gauche, à droite

Partout où l'appelaient ses jeux et les oiseaux.

Il aimait les forêts avec leurs mille échos,

Avec leur demi-jour discret, leur dôme 〈front〉 antique,

Avec leur éternel & sublime cantique.

Ces bruits étaient pour lui pleins d'un trouble émouvant.

Il aimait les forêts! il aimait le vent

Fît pleurer les vieux pins & craquer leurs branchages;

Car la voix des forêts, c'est la voix des vieux âges,

Et ce poète aimait les siècles oubliés.[15]

'잊힌 세기'에 대한 소년 베르길리우스의 열정은 1894년 메이에에게 보내는 서신에서 민족지학적 열정으로 여전히 생생하게 이어져 있다. 소쉬르의 생애를 관통하는 열정이 존재한다면 그것은 분명 고대적인 것이리라.

궁극적으로 한 언어의 생동감 있는 그림 같은 풍경만이, 특정한 기원을 지닌 특정한 민족에 속한 것으로 다른 모든 언어들로부터 이 언어를 구별 시켜 주는 바로 이러한 민족지학적 측면만이 나에게 흥미를 보존하고 있 습니다.[16]

특정한 기원을 지닌 특정한 민족의 언어, 다른 모든 언어들로부터 이 언어를 구별시켜 주는 이 생동감 있는 그림 같은 풍경, 곧 민족지 학적 측면에 대한 소쉬르의 흥미는 그의 시적 관심과 공명한다. "숲 의 목소리, 그것은 태고의 목소리이며 시인이 잊힌 세기를 사랑했던 까닭이다." 인구어의 재구, 니벨룽겐의 전설에 대한 연구, 아나그람에 대한 탐구, 인도 철학에 대한 호기심 등은 '잊힌 세기'를 사랑했던 시 인의 열정과 맞닿아 있는 것이다.

잊힌 순수한 기원에 대한 열정이 소쉬르 개인의 것만이 아니었음을 지적하자. 그것은 19세기가 공유했던 열정이었으며 특별히 독일적인 것이었다. 산스크리트어에 대한 독일적인, 다시 말해 낭만주의적인 열정이 타오르지 않았다면 비교문법은 탄생하지 않았을 것이다. 그 렇다면 구조주의의 선구자는 낭만주의자였을까? 독일 낭만주의의 선 구자 슈타엘 부인Madam Staël이 소쉬르 가문과 친척 관계에 있었다는 사실, 제네바 대학 시절 소쉬르의 철학 교수였던 앙리-프레드릭 아미엘 Henri-Frédéric Amiel이 벤자민 콩스탕과 슈타엘 부인의 세대를 잇는, 이를테면 스위스를 대표하는 철학자이자 낭만주의 작가였다는 사실 등이 이 질문에 대한 손쉬운 답변을 제공하지는 않는다. 아쉬운 대로 신문 기사의 제목을 다시 써 보는 것으로 이 장을 마무리하도록 하자. "숲의 목소리"에 귀 기울인 '시인' 소쉬르는 언어의 세밀한 목소리에도 예민하게 반응할 수 있었다. 그렇게 시인은 언어의 잠재적 역량을 최대한으로 실험할 수 있는 '천재 언어학자'로 성장한 것이다. 이 사유의 실험 속에서 새로운 '철학적' 성찰을 이끌어 낸 것이 20세기 구조주의다.

5장

산스크리트어와 낭만주의

소년 베르길리우스의 '잊힌 세기'에 대한 열정은 19세기 언어학의 열정이었으며 이 열정을 불태운 뮤즈는 산스크리트어였다. 계몽주의가 앞으로, 미래로, 이상으로 나아간다고 할 때 낭만주의는 뒤로, 과거로, 기원으로 물러간다. 비교문법의 시대를 연 프리드리히 폰 슐레겔 Friedrich von Schlegel에 따르면 산스크리트어의 발견은 르네상스 시대 고대 문화의 재발견에 버금가는 유럽 문화의 부흥을 가져왔다. 19세기 낭만주의는 제2의 르네상스였다. 그리스어와 라틴어가 고대의 숭고한 이상에 대한 동경을 불러일으켰다면 산스크리트어는 순수한 기원에 대한 향수를 불러일으켰다. 바벨 이전의 순수한 언어. 이 언어에 대한 열정이 탐구로 이어졌고 19세기에 문법연구는 비로소 하나의 과학으로 거듭날 수 있었다.

산스크리트어는 당시 단순히 문법 연구의 대상이 아니라 이론적 물음을 자극하는 상상력의 원천이었다. 예를 들어 보자. 라틴어 genus는 격변화에 따른 하나의 계열, 즉 generis, genere, genera, generum이라는 계열을 형성한다. 이에 상응하는 그리스어 génos의 계열은 géneos, géneï, génea, genéōn이다. 언뜻 이 두 계열은 서로 무관한 듯 보인다. 이 두 계열에 산스크리트어 gánas의 계열, 즉 gánasas, gánasi, gánassu, gánasām이라는 계열을 대입해 보자. 이 세 계열을 서로 대조해 보면 처음엔 언뜻 보이지 않았던 관계가 서서히 윤곽을 드러내기 시작한다. 편의상 밑줄 친 세 단어에 주목하자. 정의상 산스크리트어 gánasas 가 그리스어 géneos보다 좀 더 오래된 형태라고 가정하면 이 가정에 따라 그리스어 géneos가 géne(s)os의 형태로 존재했을 가능성이 합리적으로 추론된다. 이때 그리스어에서 s가 두 모음 사이에 올 경우 항상 탈락한다는 사실을 염두에 둘 필요가 있다. géne(s)os가 왜 géneos로 변하게 되었는가가 이러한 음성법칙으로 설명될 수 있다. 그리스어와는 달리 라틴어에서는 같은 조건하에서, 다시 말해 두 모음 사이에서 s가 r로 변했을 것이라는 사실이 논리적으로 추론된다. 즉 gene(s)is가 generis로 변형된 것이다. 위의 예는 『일반언어학 강의』에서 빌려 온 것이다. 잠시 소쉬르의 강의에 귀를 기울여 보자.

따라서 문법적인 견지에서 볼 때 산스크리트어의 계열은 어간, 즉 완전히 밝혀질 수 있고 고정적인 단위에 해당하는 요소인 어간의 개념을 명확히 해 준다. 라틴어와 그리스어는 그 시초에 있어서만 산스크리트어가 보여 주는 형태를 띠고 있었다. 그러므로 산스크리트어가 여기에서 유익한 것은 인도유럽어의 모든 s를 간직하고 있기 때문이다.[17]

이처럼 산스크리트어의 존재 덕분에 고대의 언어들 사이에서 끊어졌던 계보가 다시 이어질 수 있게 된다. 이는 놀라운 일이 아닐 수 없다. 인도유럽어들 사이에 유기적 관계가 존재한다면 이 관계의 복원을 목적으로 하는 하나의 학문을 구상할 수 있지 않을까? 이렇게 해서 비교문법이 탄생한 것이다. 비교문법에서 산스크리트어의 존재는 진화론에서 잃어버린 연결 고리missing link에 해당한다. 1808년 프리드리히 폰 슐레겔은 유럽의 모든 언어가 산스크리트어에서 분화됐다는 가설을 제시했고 학계는 그의 가설에 즉각적으로 반응했다. 이 가설은 1786년 영국의 인도 식민지 감독관 윌리엄 존스William Jones가 아시아 학회Asian Society 창립 3주년 기념 담화에서 먼저 정식화했지만 당시에는 큰 반향을 일으키지 못했다. 아직 계몽주의 시대였던 탓일까? 윌리엄 존스는 산스크리트어, 그리스어, 라틴어 사이에서 우연히 발견된 유사성에 주목하고 이들의 조어祖語가 존재할 수 있다는 가능성을 하나의 가설로 제시했다. 이 가상의 언어는 나중에 인도유럽어 또는 인도게르만어로 불리게 된다. 프리드리히 폰 슐레겔은 좀 더 적극적으로 유럽의 모든 언어가 산스크리트어에서 유래됐다고 주장했다. 그의 주장은 곧바로 잘못된 것으로 밝혀졌지만, 윌리엄 존스 때와는 달리 독일 전역에서 기원의 언어, 곧 산스크리트어에 대한 열정은 불길처럼 타올랐다. 흥미롭게도 1810년까지 독일에서 산스크리트어 전문가는 극히 드물었다고 한다. 푸코에 따르면 19세기 독일로 하여금 식민지를 잊게 해 준 것은 유럽이었다. 다르게 말해 독일의 관심은 언제나 유럽의 바깥이 아니라 안에 있었다. 독일은 식민지를 개척할 필요를 느끼지 못했고 주지하는 바와 같이 실제로 개척하지도 않았다. 당시 독일에서 동양어나 산스크리트어에 대한 직접적인 자료를 손에 넣을 수 없었던 이유는 바로 여기에 있다. 독일의 언어학계를 이끈 선구자들은 때론 프랑스에서, 때론 영국에서 동양어와 산스크리트어를 배워야 했다. 예를 들어 프리드리히 폰 슐레겔은 산스크리트어를 프랑스 파리에서, 영국 장교 알렉산더 해밀턴Alexander Hamilton에게서 배웠다. 우연은 필연을 예비하는 운명의 또 다른 이름일까? 해밀턴은 당시 나폴레옹의 대륙봉쇄령으로 인해 영국으로 돌아가지 못하고 때마침 파리에 체류 중이었다. 그의 제자들이 19세기 언어학의 거목들로 성장한 것은 놀라운 우연이 아닐 수 없다. 그는 독일인 슐레겔 외에 프랑스인 앙투안 레오나르드 쉐지Antoine Léonard Chézy와 랑글레Langlès에게도 산스크리트어를 가르쳤는데 쉐지는 후에 콜레주 드 프랑스에서 산스크리트어 교수로 임용됐고 랑글레는 파리에서 산스크리트어 수고 수집 및 보관의 총괄책임자가 되었다. 비교문법의 토대를 세운 19세기 가장 뛰어난 언어학자 중 하나인 프란츠 보프는 1812년 파리에서 동양어를 연구했다. 당시 그는 산스크리트어를 거의 독학으로 공부했지만 쉐지와 랑글레로부터 큰 도움을 받았다고 한다. 오귀스트 윌리엄 폰 슐레겔August Wilhelm von Schlegel은 1814년 파리에서 쉐지로부터 산스크리트어를 수학했고 나중에 독일에서 산스크리트어 교수가 됐다. 영국과 프랑스에서는 독일보다 먼저 산스크리트어에 관심을 갖고 관련 문헌 자료들을 대량으로 확보·수집·보관했지만 이러한 노력이 비교문법이라는 학문으로 발전하는 데 이르지는 못했다. 유독 독일에서 비교문법이 두각을 드러낼 수 있었던 것은 앞서 언급했듯이 철학적 배경 덕분이다. 동양에 대한 환상과 오염되지 않은 순수한 기원에 대한 낭만주의적 열정이 산스크리트어에 대한 이해관심으로 이어졌고 독일은 19세기 언어학의 메카로 떠오를 수 있었다. 여기에 헤겔주의와 진화론이 가세하여 웅장한 이론적 건축물이 견고하게 세워질 수 있었다. 슐레겔은 비교문법의 이러한 성취가 19세기 비교해부학이 거둔 학문적 업적에 버금간다고 역설한다.

그러나 모든 것을 해명해 줄 결정적인 사항은 언어의 내적 구조 또는 비교문법인데 비교해부학이 자연사를 명확히 설명해 준 것과 마찬가지로 문법은 우리에게 언어들의 계보에 관한 전적으로 새로운 해결책을 제공할 것이다.[18]

슐라이허August Schleicher에 따르면 언어학은 이제 당당히 자연과학으로 분류될 수 있다. 19세기에 그동안 규범적이었던 문법연구가 이처럼 하나의 과학으로 우뚝 설 수 있었던 것은 앞서 지적한 바와 같이 낭만주의라는 철학적 동력 덕분이기도 하지만 인도유럽어들이 모두 굴절어라는 언어유형론적 특성 덕분이기도 하다. 좀 더 자세히 말해 비교문법은 다음의 세 가지 언어유형론적 조건하에서 하나의 과학으로 온전히 성립될 수 있었다.

첫째, 언어 내적 패턴의 존재. 앞서 지적한 대로 인도유럽어들은 유형론적으로 굴절어에 속하기 때문에 어미변화에 일정한 패턴이 존재한다. 이를 도식적으로 표현하면 다음과 같다. $a, a', a'' \cong b, b', b'' \cong c, c', c''$. 세 계열, 즉 $\langle a, a', a'' \rangle$, $\langle b, b', b'' \rangle$, $\langle c, c', c'' \rangle$는 상동적이다. 예를 들어 고대 그리스어에서 '말horse'을 뜻하는 단어의 어미변화 계열을 살펴보자. 이 단어의 주격은 'hippos'이고 호격은 'hippe'이며 속격은 'hippou'이다. '말language'을 뜻하는 단어의 주격은 'logos'이다. 그렇다면 이 단어의 속격은 어떤 형태일까? 상술한 hippos의 어미변화 계열은 이에 대한 답변의 실마리를 제공해 준다. 즉, logos의 속격은 logou일 것이다. 이처럼 어미변화는 동일한 유형에 속할 경우 규칙적으로 전개된다.

둘째, 언어 상호적 패턴의 존재. 이를 도식적으로 표현하면 다음과 같다. $a, b, c \cong b, c, a \cong c, a, b$. 이 도식은 서로 다른 언어 사이에서도 일정한 패턴이 존재함을 나타낸다. 앞서 지적했듯이 산스크리트어의 발견은 인도유럽어 간의 유기적 관계 설정에 결정적으로 기여했다. 19세기 문법연구에서 언어가 하나의 유기체로 간주될 수 있었던 이유는 실제로 그것이 어떤 생물체와 닮아서가 아니라 인도유럽어 간에 유기적 관계가 확연히 드러났기 때문이다. 그림Grimm이 세운 자음 추이의 체계는 이러한 관계의 존재를 확증한다.

그리스어	P B F	T D TH	K G CH
고트어	F P B	TH T D	K G
고지 독일어	B(V) F P	D Z T	G CH K

모음의 경우에도 마찬가지다. 산스크리트어 a는 그리스어와 라틴어에서 e나 o로 나타난다. 산스크리트어 i는 그리스어와 라틴어에서 a로 나타난다. 아래의 표는 언어 상호간에 존재하는 이러한 규칙성을 잘 예시해 준다.

	참다, 견디다	집	아버지
산스크리트어	bhar-	dama-	pitir
그리스어	pherō	domos	patēr
라틴어	ferō	domus	pater

셋째, 언어 발생적 패턴의 존재. 조어에서 자매어로의 변화는 일정한 패턴에 따라 이루어진다. 이를 도식으로 나타내면 다음과 같다. L 〉a, b, c. L은 a, b, c의 공통 기원을 가리킨다. L에서 a, b, c로의 변화는 규칙적으로 이루어진다. 이러한 규칙성의 존재는 언어 간 비교를 통해 언어의 기원으로 거슬러 올라가는 작업, 즉 인도유럽어 조어助語의 재구再構, reconstruction를 가능하게 하는 조건이 된다. 앞의 표에서 잘 드러나듯 라틴어 e는 그리스어에서 항상 e로 나타난다. 예를 들어 라틴어 *ferō*(운반하다, I carry)의 *e*는 그리스어 *pherō*의 *e*에 정확히 일치한다. 반면 라틴어 *patr-em*에서 대격 어미 *-em*은 그리스어에서 *-e*가 아니라 *-a*로 나타난다. 라틴어 *patr-em*와 그리스어 *patr-a* 사이에서 불규칙적 현상이 발견된 것이다. 두 언어를 비교하는 가운데 제기되는 이러한 문제는 역사적으로 접근해야만 한다. 소쉬르의 스승 부르크만은 라틴어 어미 *-em*과 그리스어 어미 *-a*가 모두 이전 단계에서 *n*이었다는 가설

을 제시했다. 이 *n*이 소쉬르가 스승보다 먼저 발견한 이른바 비음향음 sonant nasal이다. *n*이 라틴어에서는 −*em*으로 그리스어에서는 −*a*로 변화를 겪은 것이다. 이러한 변화는 같은 조건하에서 동일한 방식으로 이루어진다.

19세기 언어학의 발전은 이처럼 인도유럽어들 사이에서 확인된 반복적인 패턴 덕분이다. 이는 유형학적으로 이 언어들이 어미변화에서 일정한 패턴을 보이는 굴절어에 속했을 뿐만 아니라 계보학적으로 서로 긴밀하게 연결되어 있었기 때문에 가능했다. 언어 내적 패턴이 형태론적 사실에 속한 것이라면 언어 상호적 패턴과 언어 발생적 패턴은 음성학적 사실에 속한다. 인도유럽어의 뼈대인 모음변이(예를 들어, sing, sang, sung과 같은 모음교체현상을 가리킴)는 이러한 패턴에 대한 연구 수행에 가장 모범적인 사례다. 20세기 언어학을 주도한 분야가 통사론과 의미론이라고 할 때 19세기 언어학을 이끈 분야는 형태론과 음성학이다. 모음변이는 이 두 분야의 연구에 모두 해당하는 최고의 사례였다.

상술한 언어 내적, 언어 상호적, 언어 발생적 패턴에 대한 연구를 통해 비교문법은 하나의 과학으로서 우뚝 설 수 있었다. 이 과학이 확립한 '법칙'은 크게 두 가지다. 이른바 음성법칙과 유추가 그것이다. 전자가 음성학적 질서에 속한 것이라면 후자는 형태론적 질서에 속한 것이다.

소쉬르는 음성법칙을 다음과 같이 간략하게 정식화한다.

어떤 단어에서 s가 z가 됐다면, 이 단어와 같은 조건에 있는 모든 s는 똑같이 z가 된다.[19]

이러한 간단한 규칙이 하나의 법칙으로 간주될 수 있는 이유는 그것이 예외를 허용하지 않기 때문이다. 예를 들어 라틴어 c는 a 앞에서 프랑스어 ch가 된다. 이 규칙은 같은 조건하에 놓인 모든 단어에 동일하게 적용된다. cattus(라틴어) 〉 chat(프랑스어), calidus(lat.) 〉 chaud(fr.), cantus(lat.) 〉 chant(fr.), carrus(lat.) 〉 char(fr.), caro(lat.) 〉 chair(fr.), carus(lat.) 〉 cher(fr.), vacca(lat.) 〉 vache(fr.), musca(lat.) 〉 mouche(fr.) 등등. 음성법칙이 언어에 변형을 가하는 불가항력적 작용이라면 유추는 이러한 변화로 인해 발생한 혼란을 수습함으로써 다시 질서를 회복하려는 반작용에 지나지 않는다. 잘 알려진 유추의 정식은 다음과 같다. a : b :: c : d. 즉, a와 b의 관계는 c와 d의 관계와 같다.

19세기 언어학에서 '설명한다'는 말은 불규칙한 현상의 원인을 규명한다는 말과 다르지 않다. 요컨대 원인을 규명하는 두 가지 방식이 음성법칙과 유추이다. 예를 들어 보자. 라틴어 *orator*(웅변가, *orator*)의 대격은 *orator-em*이다. 즉, *orator* : *oratorem*. 한편, *honōs*(명예, honour)의 대격은 *honōs-em*이 아니라 *honōr-em*으로 나타난다. 이러한 문법적 불규칙 현상을 설명하기 위해서는 앞서 언급한 대로 역사적으로 거슬러 올라가야 한다. 이전 단계에서 *honōs*의 대격은 *honōs-em*으로 확인된다. 그런데 여기에 두 모음 사이에서 s는 r로 변한다는 음성법칙이 적용되어 *honōs-em*에서 *honōr-em*으로의 변화가 발생했다. 이 법칙은 동일한 조건하에 있는 모든 단어에 똑같이 적용된다. *honōs-em*이 *honōr-em*으로 나타난 것은 말하자면 형태론적 이유 때문이 아니라 순전히 음성적 이유 때문이다. 이처럼 형태론적 문제, 즉 형태론적인 불규칙적 현상은 음성학적으로 다루어진다. 여기까지가 음성법칙이 설명할 수 있는 부분이다. 문제는 *honōs*가 이후 왜 *honōr*로 다시 변화를 겪게 되었는가 하는 점이다. 음성학적인 문제는 형태론적으로 다루어져야 한다. 다시 말해 *honōs*가 왜 *honōr*로 변하게 되었는가는 유추라는 형태론적 법칙의 관점에서 설명될 수 있다. 소쉬르는 이 법칙을 다음과 같은 사항 방정식으로 풀이한다.

$$\text{orator} : \text{oratorem} :: x : \text{honōrem}$$
$$x = \text{honor}$$

흥미롭게도 역사비교언어학에서 이처럼 형태론적 문제는 음성학적으로, 음성학적 문제는 형태론적으로 다루어진다. 이는 관점의 혼동을 일으키는 것이다. 이에 대해 소쉬르는 『언어의 이중 본질에 대하여』라는 수고에서 다음과 같이 지적한다.

> 이처럼 언어학에서 우리는 B가 아니라 A에 의해 존재하는 대상 a를 계속해서 B의 질서 속에서 고려하고 있고, A가 아니라 B에 의해 존재하는 대상 b를 A의 질서 속에서 고려하고 있다.[20]

앞으로 살펴보겠지만 소쉬르가 이후 공시태와 통시태의 구분을 제안한 것은 이러한 관점의 혼동에 대응하기 위한 것이었다.

*honor*의 형용사형은 *honestus*이다. 이 형용사에서 발견되는 *s*는 *honor*가 *honōs*에서 유래된 것임을 말없이 증언한다. *s*가 이처럼 원형 그대로 보존될 수 있었던 이유는 그것이 두 모음 사이에 위치하지 않아 *r*로 변한다는 음성법칙의 적용 대상이 되지 않았기 때문이다. 현대 영어에서 *honor*와 *honest*가 동일한 어원을 지닌 것으로 간주되는 이유는 이러한 역사언어학적 연구의 성과 덕분이다. 19세기 언어학자들은 낭만주의의 영향으로 언어의 기원으로 거슬러 올라갈수록 언어의 순수한 상태, 다시 말해 완벽한 규칙성이 발견되는 조화로운 상태에 도달할 수 있다고 확신했다. 언어 간의 비교연구는 불규칙 현상을 해결하는 과정에서 조어의 재구라는 역사적 연구로 이어졌다. 19세기 문법 연구를 역사비교언어학이라고 부르는 이유는 여기에 있다. 초기에 산스크리트어는 조어의 순수한 상태를 증언해 주는 언어로 간주됐다. 이러한 가정이 곧바로 사실이 아닌 것으로 드러났지만 산스크리트어에 대한 이러한 낭만주의적 열정이 없었다면 인도유럽어라는 개념이 확립될 수도 없었을 뿐만 아니라 규범적 성격의 문법연구가 19세기에 하나의 정상과학으로 성립될 수도 없었을 것이다.

그렇다면 19세기 언어학자들이 방대한 지식을 바탕으로 인도유럽어를 낱낱이 파헤침으로써 밝혀내고자 한 것은 무엇일까?『말과 사물』에서 푸코는 이 질문에 인도유럽어의 '유기적 구조'라고 대답한다. 이 구조는 19세기 에피스테메의 중핵을 형성하는 것으로 재현에 기초한 고전주의 에피스테메와의 단절을 일으키는 결정적인 요인으로 간주된다.

　역사의 경로는 이 관계들 전체에 의해 규정되고, 언어들은 외부적인 척도, 즉 고전주의적 사유에 의하면 언어들의 변화를 설명하게 되어 있었던 인간 역사의 상황에 종속되지 않고, 스스로 변화의 원리를 지니고 있다. 다른 곳에서처럼 언어들에서도 운명을 결정하는 것은 바로 '해부학'이다.[21]

　19세기 선도 학문은 해부학이다. 소쉬르는 이러한 해부학적 에피스테메의 한복판에서 새로운 사유의 길을 열고자 했다. 이 긴 지적 여정을 따라가기에 앞서 잠시 '잊힌 세기'에 대한 열정을 고백한 1874년으로 되돌아가 부르크만이 비음향음을 발견한 시기보다 4년 앞서 이를 알아본 소년 소쉬르와 먼저 만나 보자. 그해 그는 자신의 첫 번째 언어학적 작업이 될 한 시론에 몰두해 있었다. 그의 나이 17세였다.

/

6장
자 음

/

모음

A는 흑색, E는 백색, I는 홍색, U는 녹색, O는 남색.

모음이여 네 잠재의 탄생을 언젠가는 말하리라.

A(아), 악취 냄새 나는 둘레를 소리내어 나는 눈부신 파리의 털 섞인 검은 코르셋, 그늘진 항구.

E(으), 안개와 천막의 백색, 거만한 얼음의 창날, 하이얀 왕자, 꽃 모습의 떨림.

I(이), 주홍색, 토해 낸 피, 회개의 도취런가, 아니면 분노 속의 아름다운 입술의 웃음이런가.

U(우), 천체의 주기, 한바다의 푸른 요람, 가축들이 흩어져 있는 목장의 평화, 연금술을 연구하는 넓은 이마에 그어지는 잔주름살.

O(오), 기괴한 날카로운 비명이 찬 나팔소리려니, 온 누리와 천사들을 꿰뚫는 침묵. 오오, 오메가! 신의 시선을 보랏빛 광선. (아르튀르 랭보)

「소년 베르길리우스」를 탈고한 그해, 소년 소쉬르는 '잊힌' 언어의 뿌리를 찾아 헤매는 한여름 밤의 긴 꿈을 꾼다.

"그러나 나는 꿈속에서 길을 잃고 있음을 알고 있고 우유 짜는 여인의 우화를 기억해야 함을 알고 있다."

아돌프 픽테Adolphe Pictet의 『인구어의 기원Origine des langues indoeuropéennes』을 읽고 영감을 얻어 한 편의 에세이를 구상한 소년 소쉬르는 1874년 여름이 끝날 무렵 처음으로 시도한 언어학적 탐험의 긴 여정을 위의 고백으로 끝맺는다. 40여 쪽 남짓한 이 에세이의 제목은 『그리스어, 라틴어, 독일어 단어를 작은 수의 어근으로 환원하기 위한 시론』이다. 1903년 자신의 유년시절을 되돌아볼 때 소쉬르는 이 꿈의 내용을 어렴풋이 떠올리며 이를 치기 어린 시절의 광기쯤으로 치부한다. 주지하다시피 소쉬르는 3년 뒤 일반언어학에 대한 3차례에 걸친 강의를 시작하면서 동시에 아나그람이라는 고대의 시작법 연구에 빠져들게 될 것이다. 사람들은 아나그람의 소쉬르를 밤의 소쉬르라고 부르고 이 번뜩이는 꿈의 작업을 소쉬르의 광기에서 비롯된 것으로 해석한다. 라캉이 '프로이트'를 '소쉬르'로 재해석하기에 앞서 이미 '소쉬르'는 '프로이트적'이었던 것일까? 당시 제네바에서 화제가 됐던 헬렌 스미스Hélène Smith라는 이름의 한 영매가 배운 적도 들은 적도 없는 산스크리트어를 유창하게 말한다는 기이한 현상을 과학적으로 해명하기 위해 소쉬르는 산스크리트어 전문가로서 제네바 대학 심리학과 동료 교수 테오도르 플루노이Théodore Flournoy의 초청을 받아 몇 차례에 걸쳐 강신술 회합에 참여한 적도 있다. 이 일화는 이후 플루노이가 펴낸 『인도에서 화성까지 De l'Inde à la planète du Mars』에 잘 소개되어 있다. 소쉬르의 지적 전기에서 유년의 치기어린 '광기'는 이처럼 노년의 원숙한 '광기'와 공명한다. 하지만 유년 시절 한여름 밤의 꿈은 노년 시절의 밤보다 어둡지 않다. 『시론』(1874)의 소쉬르는 『논고』(1879)의 소쉬르로 이어지고 『강의』(1916)의 소쉬르와 어긋나지 않는다. 이미 소쉬르 사유의 씨앗은 『시론』에서 싹을 틔운 것이다.

'잊힌 세기'에 대한 사랑을 고백하기 몇 주 전 소년 베르길리우스가 몰입한 작업은 그리스어, 라틴어, 독일어의 단어들을 몇 개의 어근語根으로 환원하는 것이었다. 이 『시론』에서 소쉬르 사유의 움직임을 지배한 것은 '환원'이다. 소쉬르는 그리스어, 라틴어, 독일어의 모든 단어를 단일음절로 이루어진 일군의 기본어근으로 환원한다. 기본어근을 형성하는 것은 세 개의 자음, 곧 k, p, t이다. 이러한 과감하고 과격한 환원을 실행에 옮긴 것은 세 자음의 조합만으로도 모든 어근들을 '유의미하게' 구별해 낼 수 있다는 소쉬르의 확신 덕분이었다. 이 확신이 구조주의적이었음을 곧 보게 될 것이다. 자음과 달리 모음은 소년 소쉬르의 시적 표현을 그대로 옮기자면 "그것이 떠도는 어느 하늘 아래에서 그 어느 빛깔이라도 띨 수 있을" 정도로 "변화무쌍"하기 때문에

한 어근을 다른 어근들과 구별해 주는 역할을 수행하기에는 적합하지 않은 것으로 간주된다. 우선 모음의 역할은 오직 음절을 구성하는 것에 국한된다. 인도유럽어 원시모음 체계에 관심을 갖기에 앞서 소년 소쉬르는 원시자음 체계에 착목했던 것이다. 소쉬르 독자라면 이미 눈치챘겠지만 이처럼 소쉬르의 무모한 환원적 접근의 밑바탕에는 구조주의의 근간이 되는 변별성이라는 기준이 작용하고 있다. 이 기준에 입각해서 소쉬르는 그리스어, 라틴어, 독일어의 모든 단어의 어근을 k, p, t라는 세 자음으로 환원하고자 했다. 이 작업은 이중으로 전개된다. 이 작업에서 소쉬르의 모든 '텍스트'를 관통하는 사유의 움직임이 관찰된다. 변별적 환원과 문자적 추상화가 그것이다.

첫째, 변별적 환원. ⟨a, b, c, d⟩라는 하나의 계열이 있다고 하자. 환원한다는 것은 이 계열에 속한 모든 요소를 단 하나로 요소, 예를 들어 α로 나타내는 것이다. 변별한다는 것은 이 α를 α가 아닌 것, 예를 들어 β와 구별하는 것이다. '변별적 환원'이라는 개념이 뜻하는 바는 α가 β와 구별되는 한에서 ⟨a, b, c, d⟩라는 계열이 α로 환원된다는 것이다. 앞으로 살펴보겠지만 바로 이것이 소쉬르의 사유의 움직임을 특징짓는 독특한 논리의 구조다. 17세 소년의 설익은 에세이 속에 앞으로 구조주의라는 사상운동으로 꽃 피울 사유의 씨앗이 이미 살아 숨 쉬고 있다. 좀 더 구체적으로『시론』의 논의를 따라가 보자.

⟨g, c, ch, h …⟩은 후음이라는 계열에 속한 것으로 이 계열은 자음 k로 환원된다. ⟨b, m, f, v …⟩은 순음이라는 계열에 속한 것으로 이 계열은 자음 p로 환원된다. ⟨d, n, s, z, l, r …⟩은 치음이라는 계열에

속한 것으로 이 계열은 자음 t로 환원된다. 우선 이러한 환원의 논리는 발생론적으로 정당화될 수 있다. 이를테면 후음 계열에 속한 자음들은 모두 k에서, 순음 계열에 속한 자음들은 모두 p에서, 치음 계열에 속한 자음들은 모두 t에서 각각 출현한 것으로 간주될 수 있다. 발생론적으로 볼 때 이 세 자음도 출현 시기에 따라 순위를 정할 수 있다. 주지하다시피 자음의 기원은 기음氣音, aspiration이고 기음의 기원은 모음이다. 공기가 구강을 통과하면서 저항을 받지 않을 경우 모음이 되고 저항을 받을 경우 자음이 된다. 공기 저항의 정도에 따라 자음의 출현 순위가 정해진다는 가정을 세워 보자. 공기의 저항을 가장 적게 받으면서, 달리 말해 후두부의 미세한 자극만으로 출현한 자음이 후음 k이고 공기의 저항을 가장 단순하게 받으면서, 달리 말해 입술의 움직임만으로 출현한 자음이 순음 p이다. t는 혀와 이와 경구개를 모두 활용하여 형성된 가장 자음다운 자음이라고 할 수 있다. 이를테면 자음의 탄생 순서는 k, p, t다. 소쉬르는 그리스어, 라틴어, 독일어의 원시적 단계에서는 어근에 오직 k, p, t만이 존재했을 것으로 확신한다. 기타의 자음들은 이후의 발전 단계에서 파생된 것들에 불과하다. 다음의 사실을 강조하자. 『시론』의 백미는 이러한 발생론적 접근에 있는 것이 아니다. 더군다나 이러한 사변적 접근이 사실 이론적으로 타당한 것도 아니다. 『시론』의 가치는 다른 데 있다. 요컨대 후음의 계열이 k로 환원될 수 있는 것은 k가 이 계열을 발생론적으로 재현해서가 아니라 k가 예를 들어 p와 구별되는 한에서이다. 다르게 말해 k가 p와 변별적으로 구별되는 한에서 ⟨g, c, ch, h … ⟩라는 계열은 k로 환원된다.

둘째, 문자적 추상화.『시론』은 원시 유럽어의 어근을 다룬 것이기는 하지만 이러한 어근의 역사적 발전développement historique 과정에 대해서는 아무런 논의가 이루어지지 않고 있다. 여기서 역사언어학적 문제는 제기되자마자 곧바로 어근의 구조라는 문제로 탈바꿈한다. 문자적 추상화라는 사유의 움직임은 이러한 논점 전환을 가능하게 하는 역할을 수행한다. 소쉬르는 소문자 k를 대문자 K로 다시 쓴다. k를 K로 다시 쓰는 것, k라는 자음의 음성적 속성을 괄호 안에 넣고 K라는 대문자로 이를 대체하는 것은 문자 그대로 문자적 추상화다. 이를 현상학적 환원이라고 불러도 큰 무리는 없을 것이다. 다만 현상학적 환원이 본질 직관으로 향한다면 문자적 추상화는 문자 자체로 향한다. K는 오직 P와 구별되는 한에서 K인 것이다. 마찬가지로 P는 K와 구별되는 한에서 P이다. 이러한 문자적 추상화가 겨냥하는 것은 앞서 살펴본 변별적 환원이 이루어지는 공간의 창출이다. 이 공간에서 기본 자음들은 오직 변별적으로만 기능하는 것으로 다루어진다. 소쉬르는 논의를 전개하면서 처음에 변별적 기능을 수행할 수 없는 것으로 간주된 모음도 나중에는 이중으로 환원한다. 예를 들어 a, e, o 등은 모음의 계열에 속한 것으로 이 계열은 모두 모음 a로 환원된다. 소쉬르는 이 모음 a를 대문자 A로 다시 쓴다. 여기서 A는 하나의 속성을 대표하는 것이 아니라 자음과 더불어 음절을 구성하는 기능적인 요소로서 다루어진다. 문자적 추상화는 이처럼 사물의 새로운 질서를 창출해 내는 데 그 목적이 있는 것이다. 이러한 사유의 움직임에 해당하는 예를 하나 들어 보자. 소쉬르의 기호학 개념은 방법론적으로 조야한 것에 불과하다. 사람들은 물고기를 잡아 주는 것보다 잡는 방법을 가르쳐 주는 것이 훨씬 유익하다고 말한다. 이보다 더욱 유익한 것이 있다. 그것은 바다에 가면 물고기가 존재한다는 사실에 대한 깨우침이다. 기호학사에서 소쉬르의 공헌은 기호학적 분석 방법론을 개발한 것이 아니라 '저기 저 바다에' 기호들이 살고 있다는 사실을 고지한 것에 있다. 새로운 사유의 질서를 여는 것은 무엇보다 시적 영감이 필요한 것이다. 소쉬르는 '기호학'이라는 잘 정의된 개념이 아니라 하나의 문자를 제안한 것이다. 바로 이 문자가 기호학이라는 바다로 안내하는 이른바 표지판의 역할을 한 것이다. 문자적 추상화가 수행하는 역할이 바로 이것이다.

이처럼 소년 소쉬르는 『시론』에서 이중의 움직임, 즉 변별적 환원과 문자적 추상화를 통해 원시 유럽어 어근의 구조에 다가간다. k는 후음이라는 하나의 속성을 대표한다. 이와 다르게 K는 하나의 장소를, 하나의 위치를 표시하는 것이다. 장소는 속성과 달리 항상 다른 장소와의 관계 속에 존재한다. k의 속성은 k 자체의 속성, 곧 후음에 의해 정의되지만 K의 위치는 K가 아닌 다른 것, 예를 들어 P와 T와의 관계에 의해 결정된다. 앞서 지적했듯이 소쉬르가 모든 자음을 K, P, T로 환원한 것은 이 세 자음만으로 그리스어, 라틴어, 독일어 단어들의 어근의 의미를 변별적으로 구별해낼 수 있다고 확신했기 때문이다. 소쉬르는 어근 음절이 두 개의 자음과 한 개의 모음으로 이루어져 있다고 가정한다. 다르게 말해 이들만으로도 어근 음절을 식별하는 데 필요한 변별성을 충분히 확보할 수 있다고 판단한 것이다. '음절'이라는 하나의 공간 안에 변별적 관계는 순서대로 나타날 수밖에 없다. 여기서 소쉬르가 제시한 순서는 첫 번째와 두 번째이다. 모음을 사이에 두고 두 개의 자음 중 어느 자음이 첫 번째 자리에 오고 어느 자음이 두 번째 자리에 오느냐에 따라 유의미한 구별이 이루어질 수 있다는 것이다. 좀 더 구체적으로 풀이해 보자.

소쉬르는 원시 단계에서 어근이 단일음절로 이루어져 있다고 가정한다. 기본어근을 형성하는 단일음절은 모음 A를 사이에 두고 두 개의 자음이 앞뒤에 배치되는 방식으로 구성되어 있다. 소쉬르는 앞에 오는 자음을 '프로테prote, 첫 번째'라고 부르고 뒤에 오는 자음을 '되테르deutère, 두 번째'라고 부른다. 그리스어, 라틴어, 독일어의 모든 단어의 뿌리가 되는 9개의 기본어근은 아래와 같다.

KAP	KAT	KAK
PAP	PAT	PAK
TAP	TAT	TAK

예를 들어 KAP와 PAK는 프로테와 되테르의 위치가 다르기 때문에 서로 다른 어근으로 간주된다. 프로테와 되테르의 위치에 어느 자음이 오느냐에 따라 어근의 의미가 달라진다는 말이다. 이처럼 자음의 변별적 기능은 선적 순서에 의해 결정된다. 『강의』에서 소쉬르는 dix-sept(17)가 sept-dix로 치환될 수 없는 이유가 언어 기호를 지배하는 선적 특성 때문이라고 설명한다. 이른바 시니피앙의 선적 특성은 기호의 자의성을 제한하는 제약 조건을 구성하는 문법적 원리로 정식화한다. 『시론』에서 기호의 자의성의 원리는 등장하지 않지만 이처럼 변별

성의 공리와 더불어 선조성^{linéarité}의 원리는 핵심 요소로 다루어진다. 위의 목록에, 발생론적으로 가장 나중에 출현한 유음 R과 L이 보충됨으로써 6개의 기본어근이 새로 추가된다.

KAR	KAL
PAR	PAL
TAR	TAL

요컨대 총 15개의 기본 어근이 그리스어, 라틴어, 독일어의 모든 단어의 뿌리이다. 소쉬르는 예를 들어 TAP를 어근으로 하는 어휘들을 경험적으로 조사하여 이들을 모두 TAP의 계열에 귀속시킨다. TAP는 '붕괴되다', '숨 막히다', '소리를 죽이다', '납작하게 하다', '적당한 것', '두드러지지 않은 것', '낮은', '겸손한', '짧은', '두터운', '무거운', '따분한', '둔감한', '무기력한' 등 광범위한 어휘군을 포괄하는 것으로 제시된다. 이들 각각의 어휘가 지닌 의미들을 하나의 계열로 묶은 TAP는 하나의 관념^{idée}을 표현하는데 이 관념은 다른 관념, 예를 들어 PAT가 표현하는 관념과 변별적으로 구별된다. 다시 말해 '붕괴되다', '숨 막히다', '소리를 죽이다', '납작하게 하다', '적당한 것', '두드러지지 않은 것', '낮은', '겸손한', '짧은', '두터운', '무거운', '따분한', '둔감한', '무기력한' 등이 TAP라는 하나의 관념으로 환원되는 것은 TAP가 PAT와 변별적으로 구별되는 한에서다. 이처럼 『시론』에 등장하는 '관념'은 『강의』에서 정식화된 가치 개념을 선취하고 있다. 관념은 오직 차이에 의해서만, 다시 말해 변별적으로만 정의되는 개념이다. 바로 이러한 변별

적 놀이의 장이 이른바 문자적 추상화를 통해 열린 것이다. 문자적 추상화가 겨냥하는 것은 오컴의 면도날이 지닌 설명의 경제성이 아니라 새로운 사유의 질서다. 이 질서는 관계적 사유를 위한 것이다. 소쉬르의 방법론을 단순히 환원주의적인 것으로 치부하는 것은 핵심을 놓치는 것이다. 소쉬르가 단행한 환원은 재현적 질서가 아니라 변별적 질서를 위한 것이다. 이러한 질서의 가능 조건이 이른바 문자적 추상화다. 변별적 환원과 문자적 추상화라는 이중의 움직임을 통해 소쉬르가 새롭게 도입하고자 한 것은 모든 것이 다른 모든 것들과 관계를 맺고 있는 이를테면 순수하게 기하학적인 질서. 17세의 소년 소쉬르의 꿈속에서 빚어진 이러한 관계적 사유가 56세의 나이로 세상을 떠날 때까지 40여 년 동안 소쉬르의 언어학 사상을 지배한 것이다. 앞서 언급했듯이 들뢰즈는 20세기의 공간을 라캉의 용어를 빌려 실재적인 것도 상상적인 것도 아닌 상징적인 것으로 규정한다. 소쉬르의 관계적 사유가 새롭게 연 것이 바로 이러한 상징적 공간의 질서다. 이 질서 안에서 변별적 기호들의 자유로운 놀이가 펼쳐지는 것이다.

일단 이러한 변별적 공간이 구축되고 나면 이 공간이 허용하는 한계의 범위 안에서 자유로운 변형이 얼마든지 일어날 수 있다. A의 자리에 올 수 있는 모음은 a, e, o 등이다. 자음과 마찬가지로 모음도 나중 단계에서는 차츰 변별적으로 작동하기 시작한다. K 자리에 올 수 있는 자음은 k를 비롯해서 g, c, ch, h 등으로 확대된다. 기본 음절에 새로운 음절이 추가되기도 한다. 예를 들어 그리스어로 '치다'의 뜻을 지닌 *túptō*는 TAP에 해당한다. 여기서 ú가 a와 등가적인 것으로 분석된다. '만지다'를 뜻하는 독일어 *tupfen*의 경우도 마찬가지다. 소년 소쉬르는 *túp*-에서도, *tup*-에서도 오직 TAP에서 울려 퍼지는 관념의 소리만을 들은 것이다. 그리스어 *stémphō*(도장, stamp)는 좀 더 복잡한 분석이 필요하다. 이 단어의 기본 어근 역시 TAP로 분석된다. 다만 초성 자음 s의 영향으로 t의 발음이 강화되고, a가 e로, p가 m으로 변형을 겪게 된다. 게다가 새로운 음절 phō가 부가되어 있다. 특정 단어가 위에서 제시한 기본어근의 특정 유형으로 분류된다는 것은 『시론』의 작업가설을 확증하는 증거로 간주될 수 있다. 문제는 *stémphō*의 경우처럼 분석 과정이 점점 더 복잡해지면서 이러한 증거의 힘이 약화된다는 데 있다. 다르게 말해 모든 단어가 위에서 제시한 모든 기본어근으로 환원된다는 개연성이 동시에 높아진다. 사실 이 문제는 앞으로 살펴보겠지만 소쉬르가 아나그람에 대한 연구에서 부딪혔던 문제와도 유사한 것이다. 소쉬르는 아나그람의 시작법을 비의秘儀적 전통에 의해 계승된 것으로 간주하고 그 비밀을 파헤치고자 했다. 문제는 그가 세운 가설을 반증이 아니라 확증하는 증거들이 너무 많다는 데 있다. 이는 특정 시에서 특정한 신의 이름이나 장소의 이름만이 아니라 분석가의 자의에 따라 온갖 이름들을 모두 읽어 낼 수 있음을 동시에 함축하는 것이다. 결과적으로 해당 가설은 가설로서의 가치를 상실하고 만다. 아나그람의 소쉬르는 다시 꿈속에서 길을 잃고 헤맬 것이다. 소년 베르길리우스가 오래전에 그랬던 것처럼.

천재 언어학자는 시인이었다. 시인이 한여름 밤의 긴 꿈속에서 그토록 보고자 했던 것은 과연 무엇일까? 아래의 목록은 김성도가 『로고스에서 뮈토스까지』에서 정리한 것이다.

KAP: 구멍이 나거나 휘어진 것과 관련된 모든 어휘.

KAT: 감추다, 보살피다, 소중이 여기다, 간직하다, 명예롭게 하다 등의
의미와 관련된 어휘.

KAR: 머리(우두머리), 힘 등과 관련된 어휘.

PAT: 땅, 견고한 것 등과 과련된 어휘.

PAK: 조정하다, 정리정돈하다, 촘촘히 하다, 꼬집다, 죄다 등의 의미를
가진 어휘.

PAR: 지나쳐 통과하다, 나누다 등의 의미를 가진 어휘.

PAL: 동요, 군중, 식물의 진, 활기, 생명력, 전개발전 등과 관련된 어휘.

TAK: 기술, 예술, 산업 등과 관련된 어휘.

TAP: 전개과정이나 포장 속에 감추어진 것과 관련된 어휘.

TAL: 지지하다, 지니다, 아기를 낳다, 산출하다 등과 관련된 어휘,

TAR: 동요하다, 운동하게 하다, 진노하게 하다, 손상하다, 별질하다 등
과 관련된 어휘.[22]

그리스어, 라틴어, 독일어 단어들의 뿌리를 찾아 헤매던 그해 여름
세 개의 자음(k, p, t)에서, 아니 다섯 개의 자음(k, p, t, r, l)에서 울려 퍼지
는 관념의 소리를 받아 적은 17세의 소년 베르길리우스는 다섯 개의
모음(a, e, i, u, o)에서 울려 퍼지는 관념의 색깔을 받아 적은 17세의 소
년 랭보와 무척이나 닮아 있지 않은가?

7장
모음

청년 소쉬르는 꿈에서 깨어났다. 하지만 그의 눈은 여전히 꿈을 꾸는 듯했다. 메이에의 기억 속에 뚜렷하게 각인된 청년 소쉬르의 푸른 눈. "그의 꿈꾸는 듯한 푸른 눈이 그토록 엄밀하게 실체를 바라보고 있다는 사실에 놀라지 않을 수 없었다." 1878년 견자見者가 그토록 엄밀하게 바라보고자 했던 실체는 자음의 소리가 아니라 모음의 소리였다. k, p, t에서 a로 시선을 옮긴 것이다.

청년 소쉬르는 이제 예전처럼 태고의 목소리에 이끌려 숲에서 길을 잃고 마냥 서성일 수는 없었다. 서둘러야 했다. 누군가 먼저 이 문제를 다루고 있음에 틀림없다. 무엇보다 활자화해야 한다. 4년 전 비음향음의 존재, 다시 말해 특정한 조건하에서 그리스어 n이 a로 나타난다는 사실을 먼저 알아차렸음에도 불구하고 이를 출판의 형식으로 발표하지 않아 그만 어리석게도 불멸의 이름을 언어학사에 길이 남길 수 있는 기회를 놓쳐 버렸기 때문이다. 이제 다시는 그런 실수를 반복하지 말아야 한다. 부르크만이 자기보다 4년이나 뒤늦게 발견한 이 명백한 사실이 그토록 언어학계를 떠들썩하게 했다는 것 자체가 처음엔 선뜻 납득하기 어려웠다. 이번엔 그보다 먼저 발표를 서둘러야 한다. 처음엔 60쪽 분량이면 충분할 것으로 생각했다. 그러나 점차 연구가 진행될수록 60쪽은 300쪽으로 늘어났다. 당시의 작업이 오늘날처럼 워드 프로세서가 아니라 모두 수기로 이루어졌음을 기억하도록 하자. 출판을 서두르기 위해 먼저 60쪽 분량을 라이프치히 대학 출판사에 보냈다. 일단 인쇄되고 나면 다시 수정할 수 없음에도 불구하고 잠시라도 인쇄를 미룰 수는 없었다. 파리언어학회에 제출한 접사 '-t-'에 대한 논문이 표절 의심을 받은 것은 한심스럽게도 출판사에서 인쇄를 서두르지 않아 발표 시기가 늦춰졌기 때문이다. 물론 출판사에서 대신 표절이 아니라고 뒤늦게 해명했지만 이는 성가신 일이었다. 향음상수라는 새로운 개념이 나중에 가서야 새로 떠올랐다. 그렇다고 출판사에 넘긴 서론을 다시 쓸 수는 없었다. 세부적인 오류도 발견됐지만 부록을 첨부하여 수정·보완하는 것으로 만족해야 했다. 대학출판사에서 아직 학위도 받지 않은 학생에게 선뜻 출판을 허락하지 않자 제네바 대학 교수였던 아버지의 도움을 받아 자비출판하기로 서둘러 대책을 마련했다. 드디어 1878년 12월 인쇄가 마무리됐다. 출간일은 1879년 1월이다. 소쉬르가 생전에 유일하게 책의 형태로 출간한 석사 학위논문의 제목은 『인도유럽어 원시모음 체계에 관한 논고』다. 메이에에 따르면 역사비교언어학 분야에서 그동안 저술된 모든 것 가운데 가장 아름다운 책이 출간된 것이다.

『논고』의 학술적 공헌은 크게 두 가지다. 한편으로 19세기 중반부터 시작된 탈脫산스크리트어화를 완성한 것이다. '산스크리트어'에서 출발한 19세기 역사비교언어학은 역설적으로 '탈산스크리트어화'의 과정을 밟으며 발전해 갔다. 『논고』는 탈산스크리트어화 과정을 가장 멀리까지 이끌고 간 독창적 사유의 결실이다. 다른 한편으로 인도유럽어 조어의 원시모음 체계를 완성한 것이다. 『논고』에서 인도유럽어의 모음들은 단 하나의 모음, 즉 a에서 출현한 것으로 다루어진다. 여기서 a는 한 음소가 아니라 여러 이질적인 음운적 요소들의 결집체다. a1, a2, A 등. 따라서 논의가 전개됨에 따라 문제는 점점 더 복잡한 양상을 띠고 전개된다. 요컨대 『논고』의 두 번째 공헌은 복잡한 인도유럽어의 모음 체계를 하나의 모음, 곧 a로 환원한 것이다. 이를 위해 소쉬르는 음성학이 아니라 형태론에 호소한다. 예를 들어 인도유럽어의 근간이 되는 모음변이 현상이 주된 논의의 대상이 된다. a가 형태론적으로, 다르게 말해 변별적으로 작동하는 한에서 인도유럽어의 모든 모음은 a로 환원된다. 이를 형태론적 환원이라고 부를 수 있을 것이다. 이 과정에서 소쉬르는 이른바 향음상수 A를 상정한다. 향음상수 A는 음가가 정해진 것이 아니라 하나의 문자로 존재하는 것이다. 이를 문자적 추상화라고 부를 수 있을 것이다. 탈산스크리트어화가 음성학에 토대를 둔 작업이라고 한다면 인도유럽어 원시모음 체계에 대한 연구는 형태론에 해당하는 작업이라고 할 수 있다. 한마디로 『논고』의 언어학적 접근은 형태음성학적^{morphophonétique}이다.

첫째, 탈산스크리트어화. 소쉬르는『논고』에서 기본 모음을 a, i, u로 간주하는 기존의 견해에 맞서 하나의 모음 곧 a1(=e)을 기본 모음으로 제시한다.『시론』에서와 마찬가지로 여기서도 극단적 환원으로 향하는 소쉬르의 사유의 움직임이 확인된다. a, i, u가 당시 기본 모음으로 상정됐던 이유는 다름 아니라 이 세 모음이 산스크리트어 모음체계의 골격을 형성했기 때문이다. 앞서 지적했듯이 산스크리트어에 결정적으로 빚을 진 19세기 역사비교언어학의 눈부신 발전 과정은 역설적으로 '탈산스크리트어화'로 요약될 수 있다. 이 움직임의 선봉에 선 언어학자는 프란츠 보프였다. 간략히 말해 보프의 공헌은 산스크리트어와 유럽어보다 더욱 오래된 인도유럽어 조어의 존재를 가설적으로 상정한 것에 있다. 그럼에도 불구하고 산스크리트어가 다른 유럽어보다 비교적 조어의 원형적 상태를 좀 더 잘 보존하고 있을 것이라는 가정은 완전히 포기되지 않았다. 여전히 산스크리트어의 기본 모음 a, i, u가 그리스어나 라틴어 등 유럽어의 기본 모음 a, e, o, i, u보다 더욱 오래된 것으로 간주됐던 것이다. 예를 들어 유럽어의 e와 o는 당시 산스크리트어의 a가 약화된 형태로 설명됐다. 여기서 잠깐 이러한 견해가 내포하고 있는 문화인류학적인 가정을 지적하도록 하자. 어느 언어가 더욱 오래된 것이냐는 고대 인구의 이동과 무관한 문제가 아니다. 산스크리트어가 유럽어보다 더욱 오래된 언어라면 고대의 인구 이동은 동에서 서로 이루어졌을 것이라는 추정이 가능해진다. 기본 모음에 대한 전통적인 학설에 균열이 생기기 시작한 것은 소위 '젊은이 문법학파'가 막 형성되기 시작한 1870년 이후다. 이 시기에 그리스어, 라틴어 등 유럽어의 모음 체계가 산스크리트어의 모음 체계만큼이나 오래된 것이라는 연구 결과들이 속속 발표되기 시작했다. 보프를 읽으며 언어학에 입문한 소쉬르는 『논고』에서 보프로부터 시작된 탈^脫산스크리트어화에 착수했으며 그 누구보다도 가장 멀리까지 나갔다. 그는 인도유럽어 조어의 기본 모음을 『시론』에서와 같이 과감하게 하나의 모음으로, 다시 말해 부르크만이 유럽어 e의 원시적 형태를 표시하기 위해 제안한 a1으로 환원했다. 소쉬르는 그동안 산스크리트어 a에서 분화된 것으로 간주됐던 유럽어 e를 과감하게 그리고 과격하게 인도유럽어 조어의 기본 모음으로 상정한 것이다. 그에 따르면 바로 e 곧 a1으로부터 모든 모음이 분화된 것이다. 인도유럽어 조어에 가장 가까운 언어는 오히려 유럽어라는 것이 『논고』의 핵심적인 주장이다. 그렇다면 고대의 인구이동은 동에서 서가 아니라 서에서 동으로 이루어졌을 것이다. 이는 아프리카 대륙에서 시작해서 유럽을 거쳐 아시아 대륙으로 이어진 인류의 대이동과도 일치하는 견해다.

둘째, 인도유럽어 조어의 원시모음 체계 구축. 『시론』에서부터 소쉬르는 줄곧 개별 음소가 아니라 이 음소가 다른 음소들과 맺고 있는 관계를 천착했다. 『논고』에서 그는 모음변이라는 현상에 착목한다. 『시론』의 소년 소쉬르는 『논고』의 청년 소쉬르와 동일한 소쉬르다. 이제 『논고』를 지배하는 소쉬르 사유의 움직임을 포착해 보자. 모음변이는 예를 들어 영어 〈sing, sang, sung〉에서 하나의 모음이 i-a-u로 교체되는 현상을 가리킨다. 이는 언뜻 보기에는 음성학적 현상에 불과하지만 사실은 형태론적 관계가 전제된 것이다. 현재-과거-과거분사라는 문법적 관계가 그것이다. 인도유럽어 원시모음 체계를 구축할 때 소쉬르는 말하자면 다음의 논리를 따르고 있다. 'sing'과 'sang'과 'sung', 다시 말해 '현재'와 '과거'와 '과거분사'가 변별적으로 구별되는 한에서 a와 u라는 두 모음은 i의 변이형태들로, 다시 말해 ⟨i-a-u⟩라는 계열은 i로 환원될 수 있다. 소쉬르가 인도유럽어 조어의 기본 모음을 a1으로 환원할 수 있었던 것은 바로 이러한 형태론적 환원 덕분이다. 당시 음성학적 현상을 이처럼 형태론적으로, 다시 말해 변별적·체계적·구조적으로 접근하는 방식은 고려되지 않았다.

역사언어학적 관점에서 『논고』의 기여는 인도유럽어 원시모음 체계를 확정한 것에 있다. 『논고』 출간 이전에는 여러 가지 음성학적 문제들이 아직 해결되지 않은 채 남아 있었다. 그중 한 가지 예를 들어보자. men, sed 등은 이른바 '온전한 구조structure pleine'를 나타내는 것으로 간주된다. 여기서 온전하다는 것은 다른 것에 의존하는 것이 아님을 가리킨다. 이와 다르게 sru, dik 등은 '축약된 구조structure réduite'로 이루어져 있다. 여기서 축약은 다른 것에 의존적임을 뜻한다. 예를 들어 sru는 seru로부터, dik는 deik로부터 축약된 것이다. 다시 말해 이중모음 'er', 'ei' 등이 단일모음 'r', 'i' 등으로 축약된 것이다. 당시 이 두 구조, 즉 온전한 구조와 축약된 구조는 동일한 차원에 속한 것으로 다루어졌다. 소쉬르는 모음변이 현상에 착목하여 이 두 구조의 관계를 밝혀냄으로써 인도유럽어 원시모음 체계를 논리적으로 설명할 수 있는 길을 연 것이다. 다시 말해 음성학적 혼동을 형태론적으로 정리한 것이다. 『논고』의 순서가 아니라 논리적 순서에 따라 소쉬르의 논의를 좀 더 자세히 재구성해 보자.

앞서 제시했듯이 인도유럽어 조어의 기본 모음은 e, 곧 a1이다. 이 e 는 부르크만이 a2로 표기한 o와 함께 변이한다. 다음의 사실을 강조하 자. o(=a2)는 오직 e(=a1)와의 관계 속에서만, 다시 말해 모음변이라는 형태론적 관계 속에서만 정의된다. 인도유럽어 원시모음 체계를 구성 하는 모음의 수는 이제 a1(=e)과 a2(=o)로 늘어난다. 여기에 이른바 향 음sonant이 가세하여 원시모음 체계의 복잡한 구조가 서서히 그 모습을 드러내기 시작한다. 향음은 그 자체로는 자음도 모음도 아니면서 특 정한 조건하에서 자음도 모음도 될 수 있는 음소를 가리킨다. 예를 들 어 향음은 자음 사이에서는 모음으로, 모음 사이에서는 자음으로 기 능한다. 다르게 말해 향음은 음절이라는 구조에서만 포착될 수 있는 음성단위인 것이다. 오스토프는 유음향음 r을 발견했고 부르크만은 비음향음 n을 발견했다. 거의 닫힌 소리에 가까운 i와 u는 엄밀한 의미 에서 모음이 아니다. 그것은 이를테면 y와 w에 가까운 반#자음이라 고 할 수 있다. 소쉬르는 이 두 소리 모두 향음으로 분류한다. 향음이 라는 개념이 제시되기 전까지 언어변화 과정에서 일정한 패턴을 유지 하며 변화하는 것은 그림Grimm의 자음 추이의 체계에서 볼 수 있듯이 오직 자음뿐이었다. 향음의 발견 덕분에 모음의 추이도 예측 불가능 한 것이 아니라 일정한 패턴을 보인다는 사실이 실증적으로 입증되기 시작했다. 앞서 살펴보았듯이, 비음향음 n은 라틴어 어미 –em와 그리 스어 어미 –a 사이에 존재하는 불규칙적인 현상을 합리적으로 설명할 수 있는 논거를 제공했다. 『논고』에서 소쉬르는 당시 언어학의 이러한 성과들을 종합하여 향음상수라는 새로운 개념을 제안한다. 그는 인도 유럽어 조어의 모음 체계가 두 개의 기본 모음, 즉 e와 o와 여섯 개의 향음상수, 즉 i, u, r, (l), m, n으로 구성되어 있다고 상정한다. 향음상 수는 자율적인 단위가 아니라 항상 기본 모음과 함께 등장하는 것이 다. 소쉬르가 제시한 인도유럽어 조어의 모음 체계는 다음과 같다.

e	ei	eu	er	em	en
o	oi	ou	or	om	on
∅	i	u	r	m	n

인도유럽어 조어의 e와 o가 이후 산스크리트어에서는 응축되어 a 로 나타나고, 그리스어나 라틴어에서는 그대로 보존되어 나타난다. 이중모음으로 존재했던 i, u 등은 e와 o가 탈락됨에 따라 단일모음으 로 출현할 수 있게 된다. 이렇게 해서 인도유럽어의 모음들이 모두 a1에서 출현한 것으로 체계적으로, 다시 말해 단순하게 설명될 수 있 게 된 것이다. e-o-∅, ei-oi-i, eu-ou-u 등의 계열들이 형태론적으 로, 다시 말해 변별적 기능을 수행하는 한에서 모두 a1으로 환원된 다. 『시론』에서 소년 소쉬르는 모든 모음을 사변적으로 A로 환원한 다. 『논고』에서 청년 소쉬르는 인도유럽어의 원시모음을 과학적으로 a1으로 환원한다.

위에서 제시한 원시모음 체계는 모음변이 현상, 예를 들어 *Cei-Coi-Ci*(C=자음)의 관계를 잘 설명해 준다. 이 과정에서 『논고』의 가장 혁신적인 사유가 출현한다. 문자적 추상화가 그것이다. 원시모음 체계는 기본적으로 a1(=e)와 a2(=o)로 이루어져 있다. 이는 유럽어의 기본모음을 골격으로 한 체계이다. 소쉬르는 여기에 "문자 A$^{la\ lettre\ A}$"를 추가한다. (여기에 O가 추가될 것이다.)

부르크만은 유럽어 e의 원형을 a1으로 표기했다. a2는 지금까지 우리가 o라고 부른 음소다. 그리스-이탈리아어 a에 해당하고 북유럽어 a의 절반을 구성하는 이 세 번째 음소는 e(a1)에도 o(a2)에도 속하지 않는다는 것을 보여 주기 위해 문자 A로 표기하고자 한다.[23] 여러 가능한 a 유형들을 잠정적으로 추상화함으로써 우리는 다음의 도표를 얻을 수 있다.

북유럽어	원시상태	그리스-이탈리아어
e	a_1	e
a	a_2	o
	A	a

이제 원시모음 체계의 중핵을 형성하는 a의 구조는 a1, a2, A로 복잡해진다. a의 구조가 복잡하면 복잡해질수록 설명의 경제성은 점점 더 높아진다. 문자 A의 기재는 재현적인 것이 아니라 문자 그대로 문자적인 추상화다. 이 문자의 기재로 인도유럽어 조어의 모음 체계는 이제까지와는 전혀 다른 새로운 질서로 접어들게 된다.

다음의 표와 같이 수정·보완된 인도유럽어 원시모음 체계는 이중모음의 단모음화, 장음화, 단음화, 모음탈락 등 당시 오직 음성학

e	ei	eu	er	em	en	eA
o	oi	ou	or	om	on	oA
∅	i	u	r	m	n	A

적 현상으로 다루어지던 것을 전혀 다른 시각에서, 다시 말해 모음변이라는 형태론적 시각에서 재조명하는 데 결정적인 역할을 수행한다. 예를 들어 lip는 위의 도표에 잘 나타나 있듯이 leip-, loip-, lip라는 모음변이의 관점에서 설명될 수 있다. 다시 말해 lip는 이중모음, 즉 ei나 oi가 단일모음 i로 변한 것이다. 그리스어 *ei-mi*[I (shall) go]가 *i-men*[we (shall) go]으로 변이를 일으키는 현상도 같은 방식으로 설명될 수 있다. 당시 음성학적 변화에 대한 접근은 크게 세 가지 유형으로 압축된다. 첫째, 방금 살펴본 소위 이중모음이 단모음화되는 것이다. 예를 들어 peíthō : épithon에서처럼 e가 탈락하고 이중모음이었던 향음상수 i가 단일모음으로 나타나는 것이다. leípo : élipon의 사례도 마찬가지다. 둘째, 장음이 단음으로, 혹은 단음이 장음으로 변하는 유형이 존재한다. 예를 들어 a가 hístāmi에서는 장음화되어 나타나고 statós에서는 단음화되어 나타난다. 셋째, 단일모음이 탈락되어 모음탈락이 발생한 경우가 존재한다. 예를 들어 (s)ékhō : éskho에서는 s 다음에 위치한 é가 탈락된다. 소쉬르는 『논고』에서 이러한 다양한 음성적 현상에 대한 체계적인 설명을 제공한다. 첫 번째 유형과 세 번째 유형은 모두 단일모음이 탈락한 것으로 설명될 수 있다. 달리 말해 이 두 설명방식은 동일한 것이다. 문제는 두 번째 유형이다. 장음 ā와 단

음 a의 교체는 e와 o를 기본으로 형성된 기존의 원시 모음 체계에서
는 아직 설명되지 않은 어긋난 퍼즐 조각에 해당했다. 한편으로 모음
탈락과 다른 한편으로 장음화 혹은 단음화라는 두 유형의 모음변이를
하나의 원리로 설명할 수 있을까? 『논고』의 공헌은 이 질문에 당시 실
증주의적 경향 하에서는 도무지 상상할 수 없었던 답변을 제공한 것
에 있다. statós의 단음 a는 이와 등가적인 이른바 향음, 곧 '반*자음'에
서 변이된 것이 아닐까? 이 '반자음'이 소쉬르가 그리스-이탈리아어 a
에서 착안하여 구상한 이른바 향음상수 A이다. 이 향음상수를 적용하
면, hístāmi의 원시적 형태는 *hísteAmi로 재구되고, statós는 *steAtós로
재구된다. statós는 *steAtós에서 e가 탈락하고 대신 향음상수 A가 i, u,
r, m, n 등 여러 향음상수의 경우와 마찬가지로 모음의 역할을 떠안게
됨에 따라 출현한 것으로 설명된다. 여기서 a는 장음이 아니라 단음으
로 나타난다. *hísteAmi에서는 e가 아니라 A가 소멸한 경우다. 이때 자
신의 흔적을 남겨 e가 장음화된다. 즉, eA가 ā로 변화된 것이다. 이처
럼 향음상수 A의 도입으로 그동안 해명되지 않았던 불규칙한 모음변
이 현상을 체계적으로 설명할 수 있게 된 것이다. 토마스 쿤은 『과학
혁명의 구조』에서 정상과학의 활동을 일종의 퍼즐 맞추기에 빗댄 적
이 있는데 "문자 A"의 기재로 인도유럽어 원시모음 체계의 어긋난 퍼
즐이 완벽하게 맞춰진 것이다. 그런데 모음 중의 모음으로 불리는 A
를 향음 곧 반자음으로 가정하는 것이 과연 어떻게 가능했을까?

앞서 살펴본 대로 19세기 비교문법은 낭만주의 영향으로, 다시 말
해 가장 완벽하고 순수한 상태의 언어, 곧 인도유럽어를 향한 열정 속

에서 발전할 수 있었다. 이 가설적 언어가 존재하는 질서는 상상적인 것에 불과하다. 이 상상의 질서를 재구하기 위해 요구되는 과학적 태도는 낭만주의가 아니라 실증주의다. 슐라이허는 이러한 실증주의에 기대 언어학이 인식론적으로 자연과학에 속한다고 장담할 수 있었다. 가설적 언어의 재구는 기존에 존재하는, 다시 말해 경험적으로 확인 가능한 언어들과의 비교를 통해 이루어져야 한다는 것이 실증주의적 요구다. 예를 들어 위의 표에서 eA와 oA를 제외한 모든 모음은 기존의 언어들에서 모두 확인 가능한 것들이다. 예를 들어 a1과 a2는 그것이 하나의 문자임에도 불구하고 기존에 존재하는 유럽어 e와 o를 각각 지칭한다. 인도유럽어 원시모음 체계를 구성하는 e, ei, eu, er, em, en 등도 모두 이로부터 파생된 자매어들 안에서 기존에 이미 발견된 것들이다. 이들의 음가는 이미 정해진 것들이다. 반면 A는 비록 그리스-이탈리아어 a에서 착안한 것이기는 하지만 음소가 아니라 하나의 문자에 불과한 것이다. 그것의 음가는 정해진 것이 아니다. 당시 반*자음이라는 음가는 도저히 A에 부과될 수 있는 것이 아니었다. 그렇다고 해서 A가 단순히 상상적인 것만도 아니다. A의 자리 자체가 설명력을 지니고 있기 때문이다. 『논고』52쪽에서 문자 A가 인도유럽어 원시 모음 체계에 기입되는 순간 이 체계는 더 이상 상상적인 것도 실제적인 것도 아닌 상징적인 것이 된다. 『논고』의 천재성이 가장 돋보이는 순간은 도무지 상상할 수도 없는 향음 곧 반자음 A가, 다시 말해 문자 A가 기재되는 순간이다. 소쉬르는 형태론적 환원으로 인도유럽어의 모든 모음을 하나의 모음 곧 a1으로 환원하고, 문자적 추상화로 새로운 사유의 질서, 곧 상징적 질서를 연 것이다. 소년 소쉬르의 치기어린 광기는 청년 소쉬르의 빛나는 이성으로 완벽하게 조련될 수 있었지만 『시론』에서뿐만 아니라 『논고』에서도 여전히 소쉬르의 사유는 동일한 이미지로 번뜩인다.

부르크만은 자신의 수업 시간에 잘 들어오지도 않던 학생의 석사학위 논문에서 자신의 이론에 대한 거침없는 비판이 제기되어 있음을 보고 놀라지 않을 수 없었다. 뿐만 아니라 자신이나 오스토프도 감히 드러내 놓고 비판하기를 주저했던 원로 교수 쿠르티우스Curtius에 대한 신랄한 비판이 담겨 있었다. 논문에는 적잖은 오류도 발견됐다. 더군다나 이해할 수 없었던 것은 A라는 가상의 존재였다. 이 기호는 기존의 언어에서는 발견된 적이 없는 하나의 문자에 지나지 않았다. a1과 a2라는 자신이 제안한 기호는 각각 e와 o를 가리키는 것이었다. 그런데 A는 과연 무엇을 가리키는가? 그냥 하나의 문자에 불과한 것이 아닌가? 비록 그의 학생의 연구가 참신하고 박식해 보여도 당시 학문의 실증주의적 경향에 비추어 볼 때 과학적이라기보다는 공상적인 것에 지나지 않았다. 소쉬르의 『논고』는 라이프치히에서 조용히 그리고 철저히 외면당했다. 가상의 단위로 폄훼됐던 '향음상수 A'는 1927년 히타이트 점토판을 해독하는 과정에서 성문음으로 밝혀졌다. 가상의 존재는 반세기를 지나서야 비로소 하나의 신체를 덧입을 수 있게 된 것이다. 『논고』에서 제기된 향음상수 A는 역사비교언어학사에서 내적 재구의 가설이 실증적으로 검증된 보기 드문 사례에 해당한다. 19세기에 제출된 석사학위 논문의 가설이 20세기에 입증된 것이다. 19세기에 속한 교수들은 앞으로 20세기를 열게 될 외국인 유학생의 새로운 사유의 논리를 도무지 이해할 수 없었던 것일까? 비음향음의 발견의 영예를 빼앗겨 낙담한 소쉬르는 문자 A에 대한 저명한 교수들의 몰이해 앞에서 다시 한 번 더 깊은 실의에 빠지지 않을 수 없었다. 소쉬르는 자신의 시대와 처음부터 어긋났고 계속해서 어긋났다. 라이프치히 교수들의 침묵 때문에 이후 소쉬르는 더욱 깊은 침묵에 빠져든다. 그의 머릿속에 한 가지 생각이 떠올랐다. 한 권의 책에 대한 생각이었다. 소년 소쉬르는 너무 앞서 나갔고 청년 소쉬르도 계속해서 앞서 나갔다. 노년 소쉬르는 이제 너무 늦은 것일까? 서둘러 출간된 『논고』와 달리 이 책은 그의 사후에나 뒤늦게 출간될 수 있었다. 자신의 시대와 끝내 어긋난 삶. 오늘날 그를 다시 우리의 동시대인으로 소환하는 것은 이러한 어긋남이다.

8장
취임강연

1875년 고향을 떠났다가 1891년 다시 고향으로 되돌아온 소쉬르는 제네바 대학에서 소위 '비정상' 교수로 초빙되어 교육자로서의 경력을 이어 간다. 같은 해 11월 제네바 대학 취임강연에서 그는 언어과학의 어제와 오늘 그리고 내일을 기존의 스타일과는 조금 다르게 거시적으로, 인식론적으로, 철학적으로, 한마디로 '일반적'으로 진단한다. 독일 라이프치히 대학에서 첫발을 내디딘 청년 소쉬르는 프랑스 고등연구실천학교에서 왕성한 활동으로 생애 최고의 전성기를 맞이한 다음 제네바 대학으로 다시 자리를 옮겨 한 시대의 학문적 경향을 이끌었던 연구자로서, 그리고 교육자로서 이제 모교의 강단에서 앞으로 떠안게 될 무거운 책임감을 토로하는 것으로 취임강연을 시작한다.

이 순간 영광스럽게 본인이 처음으로 맡은 이 강단이 우리 대학의 새로운 연구 분야를 대표한다면, 또한 오늘날 언어과학science du langage이 70년 전부터 세우고자 노력한 구조물로 여러분들을 안내하여 이 과학의 현現 상태를 대강 기술하고, 그렇게 길지 않은 과거를 돌아보고, 미래를 예측하면서 그 목적과 유용성을 정의하고, 인문학적 범주 속에서 그것이 차지하고 있는 위상과 문학부에서 그것이 제공할 수 있는 유익을 지정하는 임무와 특권을 떠안았을 때 이 과업을 과연 적합하게 수행할 수 있을지 물론 두렵기는 하지만 여기서 그 위임에 대해 불평할 수는 없을 것입니다.[24]

이 강연은 소쉬르의 지적 전기에서 상당히 중요한 지점을 점유하고 있다. 세 차례에 걸쳐 전개된 이 「취임강연」(1891)에서 『논고』(1879)로부터 『강의』(1916)로, 말하자면 '역사언어학'으로부터 '일반언어학'으로 이어지는 길목이 서서히 드러나기 때문이다. 소쉬르가 여기서 제기한 문제는 크게 두 가지다. 하나는 언어학에 대한 것이고, 다른 하나는 언어에 대한 것이다. 이 두 가지 문제는 「취임강연」에서 시작해서 『언어의 이중 본성에 대하여』를 거쳐 『강의』에 이르기까지 치열한 소쉬르 사유의 긴 여정 속에서 지속적으로 제기됐다. 주지하다시피 『강의』에서 언어학은 인식론적으로 기호과학에 속한 학문으로 새롭게 정의된다. 흥미롭게도 「취임강연」에서는 언어학이 역사과학에 속한 것으로 소개되어 있다. 이는 소쉬르가 자신의 일반언어학적 기획 속에서 언어의 역사성에 방점을 찍은 19세기 비교문법의 인식론을 낡은 것으로 폐기한 것이 아니라 여전히 유효한 것으로 계승하고자 했음을 방증하는 것이다. 언어학이 역사과학에 속한다는 견해는 언어가 역사적 사실로 존재할 수밖에 없음을 논리적으로 함축하고 있기 때문이다. 「취임강연」에서 언어의 역사성은 크게 시간적 측면과 공간적 측면에서 다루어진다. 이 두 가지 측면에 대한 논의는 『강의』에서 거의 동일한 형태로 재등장한다. 예를 들어 언어의 시간성에 대한 문제는 『강의』 1부 2장 「기호의 불변성과 가변성」에서, 언어의 공간성에 대한 문제는 『강의』 4부 「지리언어학」에서 상세하게 다루어진다. 『논고』에서 『강의』로 넘어가는 길목에 자리를 잡고 있는 「취임강연」은 사람들이 흔히 그렇게 생각하는 것과는 달리 일반언어학을 역사언어학의 반명제가 아니라 종합명제로 이해하게 하는 소중한 자료다. 이제 1891년 11월 제네바 대학 강의실의 문을 열고 그 안으로 들어가 보자.

앞으로 살펴보겠지만 소쉬르가 19세기 이른바 '역사비교언어학'에 가한 신랄한 비판은 이 분야에서 통용되는 거의 모든 용어에 대한 비판으로 이어진다. 단 두 단어만이 이러한 비판의 예리한 화살촉을 비껴간다. 아이러니하게도 '역사'와 '비교'가 그것이다. 소쉬르에 따르면 '비교문법'이라는 용어는 오해의 여지가 다분하다. 그 까닭은 '비교'라는 수식어의 존재가 문법을 연구할 때 마치 비교 이외의 다른 방법이 있기나 한 것처럼 착각을 불러일으킬 수 있기 때문이다. "비교문법이라는 용어는 수많은 잘못된 생각을 떠올리게 한다. 그중 가장 유감스러운 것은 언어 비교를 실행하는 비교문법 이외에 다른 과학적 문법이 존재할 수 있으리라는 생각을 갖게 만드는 것이다."[25] 한마디로 소쉬르 언어학의 인식론은 비교문법의 인식론이다. 언어를 문법적으로 연구한다는 것은 비교한다는 것과 다른 것이 아니다. '역사'라는 용어에 대해서도 마찬가지다. 언어는 추상적 분석이 아니라 역사적 분석의 대상이다.

즉 언어를 연구하면 연구할수록 우리는 언어 속의 모든 것이 역사라는 사실을, 다시 말해 언어가 추상적 분석이 아니라 역사적 분석의 대상이며, 법칙이 아니라 사실로 구성되어 있고, 언어에서 유기적으로 보이는 모든 것은 사실 우연적이고 완전히 우발적이라는 사실을 더욱더 깊이 확신하게 됩니다.[26]

임의로 소쉬르의 제네바 대학 취임강연에 제목을 붙인다면 아마도 '역사과학으로서의 언어학' 정도가 무난할 것이다. 소쉬르는 언어학을 자연과학으로 정의한 막스 뮐러Max Müller와 슐라이허에 맞서 언어학이 "역사과학 이외의 그 어떤 과학도 아니라고" 단언한다.

다수의 언어에 대한 혹은 한 언어에 대한 언어학적 연구가 자신의 궁극적이고 주된 목표로서 언어활동의 보편적 법칙과 과정을 입증하고 탐구하는 것이라는 사실을 인식하고 있다면, 우리는 이러한 연구들이 과연 어느 정도까지 문학부Faculté des lettres에 자리를 잡을 수 있을 것이며, 과연 자연과학부Faculté des Sciences에는 적합한 자리가 없는 것인지를 묻게 됩니다. 이는 과거에 막스 뮐러와 슐라이허가 논의했던 잘 알려진 문제를 다시 제기하는 것이기도 합니다. 여러분, 주지하다시피 언어과학이 자연과학, 예컨대 거의 물리학이라고 스스로 확신하던 때가 있었습니다. 본인은 이 확신이 심오한 착각이라는 점을 증명할 생각은 없습니다. 다만 이 논의가 끝났음을, 그것도 완전히 끝났음을 확언하고자 합니다. 우리에게 매우 가까이 있지만 그 본질을 파악하기가 그만큼 더욱 어려운 언어 사실의 참된 본성에 대해 더 잘 이해할 수 있게 됨에 따라 언어과학이 역사과학이라는 점, 역사과학 이외의 그 어떤 과학도 아니라는 점이 더욱 분명해졌습니다.[27]

언어학은 자연과학인가? 역사과학인가? 소쉬르에 따르면 이 논의는 이미 끝났다. 19세기 역사언어학의 잘못은 언어학을 마치 자연과학인 양 심오하게 착각한 것에 있다. 그럼에도 불구하고 언어학의 인식론을 문학부에 속한 역사과학의 틀로 규정하고자 했다는 점에서 소쉬르는 위에서 19세기 비교문법의 성과를 비판적으로 계승하고 있다. 「취임강연」에 드러난 이러한 초기 입장 속에서도 결코 타협할 줄 모르는 그의 신중한 태도가 엿보인다. 비정상 교수는 언어적 사실이 역사적임을 역설하면서도 '역사적'이라는 용어가 갖는 의미에 대해서는 유보적인 견해를 내비친다.

언어 사실은 우리의 의지적 행위의 결과로 간주될 수 있나요? 바로 이 문제가 제기됩니다. 현재 언어과학은 이 질문에 긍정적으로 대답하고 있습니다. 단지 우리가 주지하다시피 의식적 혹은 무의식적 의지에는 기존에 알려진 많은 단계가 존재한다고 하는 점을 즉시 부연해야만 합니다. 그런데 우리가 비교할 수 있는 모든 행위들 가운데 언어행위^{acte linguistique} — 이

것을 이렇게 부를 수 있다면— 가 가장 덜 반성적이고, 가장 덜 계획적이며, 동시에 모든 행위 가운데 가장 비개성적이라는 특성을 지니고 있습니다. 여기에는 정도의 차이가 있는데, 이 차이가 매우 커지다 보니 그것이 오래전부터 근본적 차이라는 착각을 불러일으켰지만, 사실 이 차이는 정도의 차이에 불과합니다.[28]

역사학 분야에서 역사적 행위는 의식적인 것으로 다루어진다. 언어학 분야에서 언어적 행위는 "가장 덜 반성적이고, 가장 덜 계획적이며, 동시에 모든 행위 가운데 가장 비개성적이라는 특성을 지니고 있다." 비록 이 두 용어의 차이가 정도의 차이일지언정 이를 염두에 둘 필요는 있다. 언어학에서 역사는 역사학적인 개념이 아니라 언어학적인 개념으로 이해되어야 한다. 「취임강연」 이후 언어학이 역사과학이 아니라 '기호들의 과학science des signes'으로 재분류된 것은 이처럼 다른 과학들로부터 언어학을 구별해 주는 변별적 자질, 다시 말해 '언어학적인 것le linguistique'에 대한 집요한 물음이 뒤따랐기 때문이다.

「취임강연」은 소쉬르의 지적 전기에서 역사언어학과 일반언어학 사이를 오가는 일종의 진자 역할을 한다. 여기서 언어의 역사성은 크게 두 가지 측면에서 다루어진다. 시간성과 공간성이 그것이다. 앞에서 살펴본 것처럼 소쉬르의 사유는 변별적 환원이라는 엄밀한 분석적 태도를 견지하면서도 새로운 사유의 질서를 여는 창의적이고 시적인 영감으로 가득하다. 이 두 가지 사유의 움직임이 언어의 시간성과 공간성에 대한 논의에서도 잘 드러나 있다. 소쉬르의 강연 내용을 찬찬히 받아 적어 보자.

첫째, 언어의 시간성. 소쉬르가 이 주제로 다루고자 한 것은 "시간에서의 연속성"[29]과 "시간에서의 변형"(*ibid.*)이라는 언어적 존재 방식과 관련된 역설의 형식이다. 언어적 존재는 변하면서 변하지 않는다. 좀 더 정확히 표현하자면 언어의 연속성 안에는 변형이라는 계기가 필연적으로 포함되어 있다. 여기서 언어의 연속성이 뜻하는 바는 절대적 지속성이고 변형이 뜻하는 바는 일시적인 것이 아닌 지속적인 변형이다. 이 두 가지 속성, 즉 절대적 지속성과 지속적 변형은 『강의』에서 논의된 기호의 불변성immutabilité과 가변성mutabilité에 정확히 상응한다. 「취임강연」과 『강의』 사이에 차이는 존재하지 않는다. 다만 『강의』에서 명확히 드러나지 않은 맥락이 「취임강연」에서는 잘 드러나 있다. 『강의』에서 소쉬르는 기호의 역설적인 시간적 본성을 공시태와 통시태의 구분이라는 일반언어학적 맥락에서 언급한다. 흥미롭게도 「취임강연」에서는 시간적 본성의 역사언어학적 맥락이 드러나 있다. 앞서 지적했듯이 19세기 역사비교언어학의 법칙은 크게 두 가지로 압축된다. 하나는 음성법칙이고 다른 하나는 유추다. 「취임강연」에서 "절대적 지속성"과 "지속적 변형"은 다름 아니라 이 두 법칙의 가능조건을 구성하는 것으로 제시된다.

이런 종류의 모든 성찰은 우리에게 시간상에서 나타나는 언어의 절대적 지속성이라는 보편적 원리로 요약됩니다. 이 첫째 원리에 더불어 시간상에서 나타나는 언어의 지속적 변형이라는 둘째 원리가 결부됩니다. 이는 다시 말하자면 별개의 두 요인에 의존하는데, 하나는 유추작용에 집중된 심리적인 것이고, 다른 하나는 음성변화로 표현되는 기계적이고 생리적인 것입니다. 매우 특별하고도 눈에 잘 띄는, 그러나 정말로 예외적인 경우가 아니라면 이들은 서로에게 매우 무관한 방식으로 작동합니다.[30]

"언어의 절대적 지속성"은 "심리적인" 유추의 가능조건이고 "지속적 변형"은 "기계적이고 생리적인" 음성법칙의 가능조건이다. 『소쉬르 읽기 입문*Introduction à la lecture de Saussure*』의 저자 시몬 부케[Simon Bouquet]에 따르면 소쉬르의 일반언어학은 역사비교언어학의 안티테제가 아니라 오히려 그것의 가능조건이다. 이는 소쉬르가 결코 비교문법의 인식론을 거부한 것이 아님을 뜻한다. 이러한 부케의 주장은 상당히 흥미로운 것이다. 이 주장이 올바른 것인지는 좀 더 자세한 검토가 필요하겠지만 언어의 시간적 본성에 관한 한 그의 주장은 전적으로 타당하다. 유추는 형태론적 질서에 속하고 음성법칙은 음성학적 질서에 속한 것이다. 소쉬르가 언어의 절대적 지속성이라는 테제로 도입하고자 한 것은 유추라는 문법적 현상이 속한 형태론적 질서다. 소쉬르는 이 질서를 『강의』에서 '공시태'라는 용어로 재설정한다. 『시론』에서도 『논고』에서도 소쉬르의 관심은 기본어근의 구조든 모음변이든 하나의 체계를 형성하는 형태론적 현상에 놓여 있었다. 이 현상이 펼쳐지는 공간을 확보하는 것, 바로 이것이 평생 소쉬르를 사로잡은 이론적 고민의 핵심이라고 해도 과언이 아닐 것이다. 소쉬르는 이 고민을 문자적 추상화라는 사유의 움직임을 통해 풀어 가고자 했다.

시어를 찾듯 새로운 용어를 찾아 헤매는 천재 언어학자의 고뇌는 종종 문자성littéralité에 대한 시인의 집착으로 나타난다. 소쉬르의 사유 움직임 속에서 용어법적 혁신은 새로운 질서의 도입과 무관한 것이 아니다.

절대적 지속성이라는 첫 번째 원리와 지속적 변형이라는 두 번째 원리는 다음의 정식으로 표현될 수 있다. 예를 들어 L이라는 언어가 존재한다고 하자. 일정한 시간이 흐름에 따라 이 언어가 a, b, c, d 등으로 변화를 겪었다. 절대적 지속성의 원리가 뜻하는 것은 $a=b=c=d$가 아니다. 그것이 뜻하는 바는 $a=L, b=L, c=L, d=L$이다. 이는 a, b, c, d 등이 공유하고 있는 속성이 L이 아니라 a가 L'이고', b가 L'이고', c가 L'이고', d가 L'이라'는 것을 의미한다. 다시 말해 매 순간 L은 L이었고 L이며 L일 것이다. 이것이 바로 절대적 지속성이 뜻하는 바다. 베르그송의 지속 개념의 중핵이 '되다devenir'에 있다면 소쉬르의 지속 개념의 중핵은 '이다être'에 있다. 절대적 지속성은 'a'도 'L'도 아니고 'a=L'에 있는 것이다. 이는 매 순간 이루어지는 '긍정'과 다른 것이 아니다. 바로 이것이 형태론적 질서, 곧 공시태를 여는 것이다. 이러한 L을 고려하지 않은 a, b, c, d는 자의적이고 관습적인 구분에 지나지 않는다. 이러한 자의적 구분에 의존하는 것들은 음성학적 질서, 곧 통시태에 속한다. 이 질서는 지속적 변형의 원리를 따른다.

마찬가지로 우리의 머릿속이 아니라면 라틴어라고 하는 존재와 대립하는 프랑스어라고 하는 존재는 어느 곳에도 존재하지 않습니다. 따라서 하나가 갑자기 출현했다고 말하는 대신에 하나가 다른 하나로부터 점진적으로 출현했다고 말하는 것은 거의 이득이 없습니다. 중요한 것은 우리가 21세기 동안 라틴어라고 하는 단 하나의 이름을 부여하거나 혹은 라틴어와 프랑스라고 하는 두 개의 이름을 부여하거나, 혹은 라틴어, 로망어, 프랑스어라고 부르며 세 개의 이름을 부여하거나 아니면 기원전 2세기 라틴어, 기원전 1세기 라틴어, 기원후 1세기 라틴어, 2세기, 3세기, 4세기, 7세기, 15세기, 19세기 등의 라틴어라고 부르며 스물 한 개의 이름을 부여할 수 있다는 사실을 이해하는 것입니다. 또한 이러한 자의적이고 관습적인 방식이 아니라면 어떤 구분을 내리는 다른 방식이란 문자 그대로 존재하지 않는다고 하는 것을 이해하는 것입니다.[31]

소쉬르는 위에서 프랑스어는 라틴어에서 온 것이 아니라 라틴어였고 라틴어이며 라틴어일 것이라는 극단적인 주장을 펴고 있다. 라틴어와 로망어와 프랑스어를 나누는 것은 "자의적이고 관습적인 방식"에 지나지 않는다. 절대적 지속성이 뜻하는 바는 기원전 2세기 라틴어도 라틴어'이고', 기원전 1세기 라틴어도 라틴어'이고', 기원후 1세기 라틴어도 라틴어'이고', 2세기, 3세기, 4세기, 7세기, 15세기, 19세기 등의 라틴어도 라틴어'라는' 것이다. 다르게 말해 로망스어도 라틴어'이고' 프랑스어도 라틴어'인' 것이다. 라틴어를 L로, 각 세기별로 다르게 나타나는 라틴어를 a, b, c 등으로 표기해 보자. 절대적 지속성은 L=a, L=b, L=c 등임을 가리킨다. 매 순간 a는 L'이고', b도 L'이며', c도 L'인' 것이다. 이것이 절대적 지속성이 뜻하는 바다. L을 고려하지 않은 a, b, c 등을 나누는 것이 지속적 변형이고 이는 "자의적이고 관습적인" 구분에 지나지 않는다. 흥미롭게도 『언어의 이중 본질에 대하여』에서 절대적 지속성, 곧 공시성은 '순간'의 관점으로 제시되어 있다. 소쉬르의 용어법에서 '순간'의 존재론은 '지속'의 존재론과 동의어다. 지속적 존재는 순간적으로 존재하는 자다. 다르게 말해 순간적 존재는 지속적으로 존재하는 자다. 다름 아닌 언어적 존재가 바로 이에 해당한다.

소쉬르는 서로 모순된 이 두 원리가 분리 불가능한 것임을 역설한다.

> 언어의 연속성과 가변성이라는 두 원리는 모순되기는커녕 매우 가까이서 자명한 상호관계에 있기 때문에 하나를 무시해 버리면 부지불식간에, 동시에 불가피하게 다른 하나를 무시하게 됩니다.[32]

그럼에도 불구하고 이 두 원리는 "서로에게 매우 무관한 방식으로 작용"한다는 점에서 분리 불가능할 뿐만 아니라 환원 불가능하다. 이처럼 환원 불가능하면서도 분리 불가능한 이른바 이중 구속이 언어의 역사성을 규정하는 것이다. 「취임강연」에서 이 두 원리가 유추와 음성법칙의 조건이라면 『강의』에서는 공시태와 통시태의 조건으로 제시된다. 절대적 지속성은 매 순간의 언어 상태를 포착한다는 점에서 공시적으로만 기술될 수 있다. 지속적 변형은 언어 상태를 고려하지 않은 변형만을 목표로 한다는 점에서 통시적으로만 분석될 수 있다. 「취임강연」은 이처럼 역사언어학과 일반언어학을 잇는 교량 역할을 수행한다.

둘째, 언어의 공간성. 언어의 시간성을 다룬 부분에서 새로운 질서를 열고자 하는 소쉬르 사유의 창의적 움직임이 엿보인다면 언어의 공간성을 다룬 부분에서는 집요할 정도로 분석적인 태도가 관찰된다. 『소쉬르 언어학과 기호학 사이*Saussure entre linguistique et sémiologie*』의 저자 요하네스 페르Johannes Fehr는 지리적으로 문학언어도 국가언어도 존재하지 않고 방언도 존재하지 않으며 오직 방언적 자질들traits dialectaux만이 존재한다는 소쉬르의 극단적 사유가 자크 데리다Jacques Derrida의 해체보다도 더욱 해체적임을 역설한 바 있다. 사실 소쉬르의 이러한 탈구조주의적 사유는 구조주의적 사유의 논리적 결과 이외의 다른 것이 아니다.

『일반언어학 강의』에서 「지리언어학」은 가장 덜 읽히는 장 가운데 하나다. 하지만 이 장은 공시태와 통시태의 구분의 토대가 된 언어의 시간성에 대한 장에 버금하는 언어의 공간성을 다룬 상당히 중요한 부분이다. 먼저 언어의 시간성과 공간성에 대한 논의가 모두 개별 언어의 특수한 차원을 넘어서는 언어 일반에 관한 깊이 있는 성찰을 담고 있음을 지적하도록 하자. 언어는 시간적으로만 분화되는 것이 아니라 공간적으로도 분화된다. 예를 들어 A라는 언어가 일정한 시간이 흘러 B라는 형태로 나타났다고 하자. 이를 A : B로 정식화할 수 있을 것이다. 앞에서 살펴보았듯이 이 두 형태의 구분은 자의적이고 관습적인 것에 불과하다. 사실은 언제나, 다시 말해 매 순간 B=A다. 어쨌든 A : B라는 정식은 오직 시간의 요인만을 고려한 것일 뿐이다. 여기에 공간적 요인을 대입시켜 보자. A는 허공에 떠 있는 것이 아니라 일정한 공간을 점유하고 있는 것이다. 시간적 추이에 따라 A가 단순히 B로 변화하는 것이 아니라 사실은 B′, B″, B‴ 등으로 분화하는 것이다. 요컨대 A : B가 아니라 A : B′, B″, B‴로 표시하는 것이 언어의 역사성, 즉 언어의 시간성과 공간성을 동시에 고려한 정식이라고 할 수 있다. 소쉬르의 강연을 그대로 받아 적어 보자.

A : B의 차이는 이상적으로 시간에서의 차이를 대변합니다. 그러나 사실상 A : B′, B″, B‴의 차이만이 존재할 뿐입니다. 이 차이만이 시간에서의 차이와 동시에 공간에서의 차이를 대변합니다. 이처럼 우리는 어느 곳에서도 지리적으로 하나이며 동일한 것으로 등장하는 언어를 만나는 일이 발생하지 않습니다. 우리가 활용할 수 있는 모든 언어는 일반적으로 다양한 지리적 형태 가운데 하나에 불과하며, 이 형태 가운데서 어느 정도 광범위한 지역에 걸쳐 있는 동일한 형태의 구어 말이 존재합니다. 어느 곳에서나 방언적인 세분화가 확인됩니다.[33]

지리적으로 언어적·방언적 단위는 존재하지 않는다. "어느 곳에서나 방언적 세분화"가 확인되는 이유는 B′, B″, B‴라는 계열에서 이를 예를 들어 하나의 B로 환원하는 것이 불가능하기 때문이다. 이러한 환원이 가능하기 위해서는 B가 A와 변별적이어야 한다. 그런데 프랑스어가 라틴어인 것과 마찬가지로 언제나, 다시 말해 매 순간 B = A이다. 그 결과 구조주의적 사유의 중핵을 형성하는 변별성이 지리언어학에는 적용되지 않는다. 앞서 살펴본 변별적 환원의 논리에 따르면 B가

A와 구별되는 한에서 B′, B″, B‴ 등의 계열은 B로 환원될 수 있다. 그런데 변별성이 확보되지 않을 경우 환원은 이루어질 수 없고 끊임없는 세분화만이, 다시 말해 B′, B″, B‴ … 등으로 끊임없이 분해되는 차이화différenciation만이 관찰될 뿐이다. 요하네스 페르가 언급한 소쉬르의 해체주의는 다음과 같이 정식화될 수 있다. "지리적으로 방언들이 존재하지 않는다는 것이며, 대신 지리적으로 방언적 자질들만이 존재한다는 것입니다."[34] 따라서 "방언적 단위들"을 구분하려는 시도는 "아주 공상적이며 헛된"[35] 것이 된다. 언어의 공간적 특성에 대한 이러한 논의는 『강의』에서도 그대로 반복된다. 언어도 존재하지 않고 방언도 존재하지 않으며 오직 방언적 자질들만이 존재한다. 이러한 극단적 주장은 실증주의의 표현이 아니라 소쉬르 사유의 논리적 귀결이다. 다시 말해 B가 A와 변별적으로 구별되지 않는 한 B의 지리적 계열, 즉 B′, B″, B‴ … 등은 결코 B로 환원되지 않는다. 오히려 끊임없는 차이의 분화만이 지속될 뿐이다. 변별성이 중화되고 환원이 불가능해지는 지점이 소쉬르 이론 체계 안에 존재한다. B가 A와 변별된다는 것은 들뢰즈의 표현을 빌리자면 재현적으로 차이가 발생한다는 것이다. 이러한 재현적 차이가 중화될 때 소쉬르의 사유 속에 들뢰즈가 재현적 차이에 맞서 제시한 또 다른 차이, 즉 차이 그 자체, 순수한 차이, 강도적 차이가, 데리다의 차연différance이, 다시 말해 끊임없이 분화하는 B′, B″, B‴ … 등의 무한 계열이 드러난다. 차이의 무한 반복. 후기구조주의는 구조주의와 다투면서 성립된 패러다임이다. 이러한 다툼이 소쉬르의 사유 움직임 안에 이미 긴장된 형태로 존재하고 있었다.

소쉬르의 강연을 마무리해 보자. 이 강연 텍스트 안에는 19세기 언어학의 성과에 대한 비판적 진단과 도래할 언어학에 대한 선구자적 성찰이 물음 형식으로 담겨 있다. 언어학에 대한 인식론적 물음과 언어에 대한 존재론적 물음이 그것이다. 오늘날『강의』는 하나의 고전으로서 특정한 맥락과 무관하게 읽히는 경향이 있는데「취임강연」은 이러한 독서 관행에 역사적 맥락을 부여하는 중요한 자료라고 할 수 있다. 이 강연에 관한 논의를 마무리하기 위해 여기서 소쉬르가 제안한 또 하나의 구분을 잠깐 살펴보도록 하자. 이 구분은『강의』에서도 상당히 중요하게 다루어지고 있다. 랑가주(언어활동)와 랑그(언어)의 구분이 그것이다.

결론적으로 언어활동에 대한 일반 연구는 끊임없이 이런저런 언어의 특정 분야에서 이루어진 온갖 종류의 관찰들을 자양분으로 삼습니다. 말을 구사하는 능력이 인간에게 자연적 기능이라면, 이는 인류학과 언어학의 몇몇 학파에서 취하고 있는 분명 잘못된 관점이기도 한데, 이 기능의 수행은 오직 언어의 측면에서 그리고 현존하는 언어들의 측면에서 과학적으로 다루어질 수 있을 뿐이라는 점이 확실히 단언되어야 합니다.

마찬가지로 현존하는 언어들에 대한 연구는 만약 그것이 언어활동의 일반적 문제를 지속적으로 해명하고자 하지 않는다면, 즉 관찰된 특수한 개별 사실로부터, 언어langue에 적용된 인간본성의 가능한 작용들에 대한 우리 지식에 대해 거기에서 귀결된 의미와 유익을 도출해 내려고 하지 않는다면 거의 무미건조하고, 방법과 지도적 모든 원리를 모두 결여한 것으로

머물러 있을 수밖에 없을 것입니다.[36]

『강의』에서 랑가주와 랑그의 구분은 주지하다시피 랑그와 파롤의 구분에 앞서서 논의된다. 위의 인용문에 잘 드러나 있듯이 「취임강연」의 논조와 『강의』의 논조 사이에 실제적인 차이는 거의 존재하지 않는다. 인간의 자연적 기능으로서 랑가주에 대한 연구는 반드시 역사적 사실로서의 언어들에 대한 연구를 참조해야 한다. 마찬가지로 언어들에 대한 세부적인 기술은 궁극적으로는 언어활동에 대한 탐구로 이어져야 한다. 오늘날 언어학은 인지과학의 틀 안에서 연구된다. 인간의 인지 능력으로서 언어활동이 논의의 대상인 것이다. 소쉬르의 견해에 따르면 이러한 연구는 '언어들'에 대한 연구의 도움 없이는 올바르게 이루어질 수 없다. 인지과학이 심리학에, 더 나아가 생물학이나 물리학에 속한 것이라 하더라도 언어학은 이러한 과학적 환원주의에 저항하는 긴장을 여전히 자신의 인식론적 물음 안에서 허용하는 독특한 학문 영역으로 존재한다. 소쉬르의 다양한 '텍스트'만큼이나 다양한 소쉬르가 존재하지만 이러한 다양성의 이면에는 「취임강연」에서 살펴볼 수 있는 것처럼 소쉬르의 집요한 물음이 계속해서 되풀이되고 있다. 오늘날 학제적 연구가 이루어지는 통섭 또는 융합의 지점은 자연과학과 인문학이 서로가 서로를 향해 제기하는 이러한 물음의 긴장을 통해 말하자면 자연과학적으로도 인문학적으로도 완전히 환원될 수 없는 경계의 지대라는 이른바 '중간적' 과학의 형태로 존재하는 것이 아닐까? 「취임강연」 이후 언어학과 언어에 대한 소쉬르의 물음은

인식론적으로 그리고 존재론적으로 상당히 첨예한 형태를 띠고 전개
될 것이다. 이러한 물음의 주변에 다양한 모습으로 변주되어 나타나
는, 그럼에도 불구하고 언제나 한결같은 소쉬르의 사유 이미지가 어
른거린다.

9장

소쉬르는 이렇게 말했다

여전히 우리는 1890년대에 머물러 있다. 하지만 이 시기가 가장 중요한 시기임은 틀림없다. 이 시기에 소쉬르의 새로운 기획이 비로소 구체적인 형태를 띠기 시작했기 때문이다. 이 기획의 전반적인 윤곽이 『언어의 이중 본질에 대하여』에 잘 담겨 있다. 이 텍스트는 장과 절로 구성되어 있지 않다. 책의 모양을 하고는 있지만 오히려 메모장을 모아 놓은 것에 가깝다고나 할까. 각 메모장의 제목들은 책을 구성하는 장과 절의 제목처럼 하나의 줄거리로 짜여 있지 않다. 한마디로 소쉬르의 텍스트는 텍스트성이 결여되어 있다. 텍스트성을 부여하는 작업, 즉 조각난 텍스트의 조각들을 맞추는 이른바 브리콜라주bricolage 작업이 텍스트가 말하고자 하는 문자적 의미를 항상 초과할 수밖에 없다고 할 때 의미의 과잉이 소쉬르 텍스트의 텍스트성을 구성하고 있다고 말할 수 있을 것이다. 돌이켜 보면 소쉬르 해석은 언제나 늘 과잉해석이었다. 『강의』의 편집인들이 학생들의 노트를 바탕으로 기적처럼 한 권의 책을 만들어 냈을 때 과잉 해석할 수밖에 없었고 소쉬르 문헌학자들도 소쉬르의 참된 사고를 밝힌다는 명분으로, 다시 말해 안 그러는 것처럼 행동하면서 조금씩 과잉해석을 용인해 왔다. 물론 움베르토 에코Umberto Eco가 지적한 것처럼 독자의 과잉해석은 텍스트적 의미, 그러니까 '문자적' 의미로 제어될 수도 있을 것이다. 하지만 소쉬르의 문자는 언제나 이미 조금씩 깨어져 있다. 조너선 컬러Jonathan Culler의 말대로 과잉해석은 올바른 해석은 아닐지라도 상당히 매력적인 해석이다. 문자적 해석처럼 재미없는 해석이 또 어디 있을까? 오늘날 소쉬르의 조각난 텍스트를 다시 읽는 것은 결코 시간 낭비가 아니다. 바르트가 말한 '텍스트의 즐거움le plaisir du texte'을 문자 그대로 맛볼 수 있는 텍스트가 소쉬르의 텍스트이기 때문이다. 여기서 다시 읽고자 하는 소쉬르의 텍스트는 제네바에서 다시 찾은 수고다. 소쉬르의 목소리가 생생하게 기록되어 있는 이 조각난 텍스트에 하나의 텍스트성을 부여해 보자. "소쉬르는 이렇게 말했다"라는 식으로.

토마스 쿤의 표현을 빌리자면 19세기 정상과학으로 우뚝 선 비교문법, 다시 말해 역사비교언어학은 점차 여러 가지 문제에 부딪친다. 인도유럽어 사이에서 관찰되는 음성 변화를 법칙적으로, 다시 말해 "x가 z라는 조건에서 y가 된다면 동일한 조건에서 모든 x는 y가 된다"는 법칙으로 깔끔하게 기술할 수 있었지만 정작 왜 이러한 변화가 발생하는지에 대한 원인 규명은 이루어지지 않았다. 음성법칙은 'how'의 질문에 대한 대답이지 결코 'why'의 질문에 대한 대답은 아니었다. 19세기 후반 음성변화 과정의 심리적(Michel Bréal)인 혹은 사회적(William Dwight Whitney)인 조건을 탐구하거나 발성기관의 생리적 구조를 천착하는 등의 다양한 새로운 시도들이 이루어진 것은 결코 우연이 아니었다. 음성변화의 경제성^{economy}이라는 개념은 이러한 시도들이 일구어 낸 결실 중의 하나로 평가받을 수 있다. 즉, 음성변화는 최소의 노력으로 최대의 효과를 산출하려는 경제성 원리를 따른다는 것이다. 이러한 시도들과 더불어 '언어 변화'에 대한 역사적 관심이 점차 '언어 상태' 자체에 대한 관심으로 서서히 변하기 시작했다. 예를 들어 발성기관의 물리적 제약조건의 지배를 받는 경제성의 원리에 따라 음성변화가 이루어진다면 굳이 언어의 역사를 추적할 필요가 없어진다. 이러한 관심의 변화와 더불어 '언어란 무엇인가?'라는 질문이 진지하게 다시 제기되어야 했다. 소쉬르가 미국의 언어학자 휘트니를 새로운 연구경향의 선구자로 인정한 이유는 그가 무엇보다 언어를 '유기체'가 아니라 '사회적 제도'로 새롭게 정의했기 때문이다. 19세기 에피스테메를 지배했던 진화론적 모델이 서서히 힘을 잃고 '언어 상태'에 대한 사회학적·심리학적·생리학적 모델이 주목받기 시작한 것이다. 이러한 이해관심의 변화로 인해 기존의 패러다임으로는 설명할 수 없는 새로운 사실들, 문제들, 이론들이 드러나기 시작했다. 19세기 초에 형성된 역사비교언어학은 19세기 말에 토마스 쿤이 『과학혁명의 구조』에서 언급한 패러다임의 위기에 봉착한 것이다.

변칙현상이나 위기에 직면할 경우 과학자들은 현존 패러다임에 대해서 이전과는 다른 태도를 보이게 되며, 연구의 성격도 이에 따라서 변화를 겪게 된다. 경쟁적인 명료화의 남발, 무엇이든 해보려는 의지, 명백한 불만의 표출, 철학에의 의존과 기본 요소에 관한 논쟁, 이 모든 것들은 정상연구로부터 비정상연구로 옮아가는 증세들이다.[37]

한 사상가에게서 이론과 삶을 따로 떼어 놓을 수 있을까? 예를 들어 사람들이 마르틴 하이데거를 20세기 최고의 철학자로 떠받들 때 그의 나치 당원 전적은 고려의 대상이 되지 않는다. 이처럼 이론이 항상 삶과 얽혀 있는 것은 아니다. 이와 다르게 소크라테스의 철학이나 갈릴레이의 천문학은 이들의 지적 전기와 무관하지 않다. 소쉬르의 경우는 어떠한가? 자신의 삶 속에서 말하자면 정상연구로부터 비정상연구로 옮아가는 증세들을 오롯이 살아 낸 페르디낭 드 소쉬르. 그는 자신의 시대와 어긋남으로써 그 시대의 모순을 가장 잘 드러낸 이론적 형상이 아니었을까? 삶 자체가 증후적인 위기의 형상이랄까. 자신의 오랜 친구이자 동료에게 1894년 1월 4일 발송한 서신에서 그는 거역할 수 없는 언어학자로서의 자신의 운명 앞에서 한없는 무력감과 모종의 허무를 토로한다. 소쉬르는 이렇게 말했다.

… 억양에 관한 첫 번째 논문이 곧 출간될 것입니다. 두 번째 논문에서 억양에 관해 내가 말하고자 한 것을 마무리할 것입니다. 2° 강세에 대한 논평. 그리고 (내가 얘기하지 않았나요?) 리투아니아 억양과 아무런 관련이 없

는 강세 효과인 lette 억양에 대한 논평!!

그런데 나는 이 모든 것에, 다시 말해 언어 사실과 관련하여 공통의 의미를 지닌 문장 열 줄도 쓰기가 참으로 어렵다는 사실에 신물이 납니다. 이러한 사실들의 논리적 분류와 이들이 다루어지는 관점들의 분류에 오랫동안 몰두해 온 나는 각각의 작용을 예정된 범주로 환원함으로써 언어학자들에게 그들이 하는 일이 무엇인지를 보여 주어야 할 작업의 방대함과 동시에 궁극적으로 언어학에서 우리가 할 수 있는 모든 것의 상당한 다양성(무가치성)을 마주하게 됩니다.

궁극적으로 한 언어의 생동감 있는 그림 같은 풍경만이, 특정한 기원을 지닌 특정한 민족에 속한 것으로 다른 모든 언어로부터 이 언어를 구별시켜 주는 바로 이러한 민족지학적 측면만이 나에게 흥미를 보존하고 있습니다. 나는 아무런 저의 없이 이러한 연구에 몰두하는 즐거움을, 특정한 배경에 속한 특정한 사실을 향유하는 즐거움을 더 이상 만끽할 수 없습니다.

지속적으로 통용되고 있는 용어의 무력함, 이를 개혁해야 할 필요성, 이를 위해 일반적으로 언어라는 대상이 무엇인지를 제시해야 할 필요성이 나의 역사적 즐거움을 망쳐 놓았습니다. 언어 일반을 다루지 않은 것보다 더 소중한 소망이 없음에도 불구하고 말입니다.

나의 의도와는 상관없이 이 모든 것은 한 권의 책으로 끝을 보게 될 것입니다. 이 책에서 나는 왜 언어학 분야에서 의미를 부여할 만한 용어가 단 하나도 존재하지 않는지를 아무런 열정 없이 설명하게 될 것입니다. 그런 다음에 고백하건대 나는 내가 남겨 둔 곳에서 다시 작업을 시작할 수 있을 것입니다.

바로 이러한 바보 같은 성향이 이를테면 왜 물리적으로 아무런 어려움도 일으키지 않은 논문 출판을 1년 이상 질질 끌어 왔는지를 설명해 줄 것입니다. 논리적으로 난잡한 표현을 피하는 데 이르지 못하면서 말이지요. 왜냐하면 그렇게 하기 위해서는 정말이지 근본적인 개혁이 필요합니다. … 38)

다분히 예언자적인 어조가 스며 있는 "나의 의도와는 상관없이"라는 표현을 문자 그대로 해석해 보자. 소쉬르의 의도와 상관없이 출간된 한 권의 책. 하지만 소쉬르가 실제로 우리에게 남긴 것은 아직 '책'의 형태를 갖추지 못한 수고 뭉치뿐이다. 『언어의 이중 본질에 관하여』라는 제목이 달린 이 두툼한 수고 뭉치 속에는 당시 통용되던 언어학적 전문용어들 가운데 의미를 부여할 만한 용어가 단 하나도 존재하지 않는다는 불편한 진실과 더불어 언어학 분야에서 당연시됐던 통념에 대한, 이를테면 언어학자가 하는 일이 어떤 일인지, 궁극적으로 언어학이 추구하는 바가 무엇인지 등에 대한 근본적인 이의제기가 들어 있다. 쿤의 표현을 빌리자면 "정상연구로부터 비정상연구로 옮아가는 증세들"이 고스란히 담겨 있는 것이다.

첫째, 용어에 대하여 소쉬르는 이렇게 말했다.

현재 통용되고 있는 용어들 가운데 문법 범주, 문법적 구분, 문법적 형태, 문법적 형태의 단일성 및 다양성과 같은 표현들은 그 정확한 의미를 모두 부정해야 하는 용어들이다. 실제로 문법적 실체는 무엇인가?

우리는 원과 타원이라고 불리는 것이 무엇을 뜻하는지 언급하지 않은 채 원과 타원의 성질들을 증명하고자 하는 기하학자와 같이 행동한다.[39]

"현재 통용되고 있는 용어들 가운데" 가장 문제의 소지가 적은, 예를 들어 '문법범주', '문법적 형태' 등에 대한 이의제기는 "문법적 실체는 무엇인가?"라는 좀 더 근본적인 물음으로 이어진다. "예컨대 속격과 같은 문법범주는 우리가 일상적으로 사용하고 있는 용어법상 전적으로 포착불가능하고 참으로 의미가 없는 단어에 불과하다."[40] "우리는 한 형태의 가치, 의미, 의미작용, 기능 혹은 용법 사이에서 그 어떤 진지한 구분도 내릴 수 없으며, 한 형태의 내용으로서의 관념에 대해서도 마찬가지다."[41] "예컨대 이탈리아어 cenere, generoso처럼 많은 언어에 존재하는 음성군 tš와 dž를 경구개음이라고 명명하자마자 우리는 이 용어를 완전히 남용하는 것이 된다."[42] 이 용어들이 의미하는 바가 과연 무엇인지 자문하지 않은 채 그것들이 가리키는 대상들의 성질을 증명하겠다고 섣불리 행동에 나선 "기하학자"는 다름 아닌 언어학자들이다.

둘째, 음성법칙에 대하여. '예외 없는 법칙'의 이름으로 정식화된 음성법칙에 대해서도 소쉬르의 이의제기는 계속된다.

예컨대 이런 식으로 표현해 보자. "이런 경우에 s인 것이 저런 경우에 ç로 나타난다." 우리는 가장 문제의 소지가 적은 이러한 표현을 문제 삼고자 한다. 우리는 이러한 유형의 규칙 자체에 대해 생각해야 할 것을 탐구하고자 한다.

1. 문법학자가 동일한 체계에 속한 대부분의 요소에 대해서는 아무런 규칙도 제공하지 않으면서 별안간 특정한 요소 s의 출현에 대해서만 일정한 규칙을 제공해야 한다는 의무감을 느끼게 한 것은 무엇인가? 예를 들어 문법학자는 pitā의 p나 açvas의 v에 대해서는 설명을 하거나 규칙을 제정하려는 생각조차 하지 않는다. 그렇다면 무엇 때문에 çismas, vaksyāmi의 안에 있는 s가 문법학자의 관심을, 혹은 우리의 관심을 끌게 되었는가?[43]

문법학자는 무슨 권리로, 누구의 이름으로 p나 v가 아니라 오직 s만을 규칙의 적용 대상으로 소환할 수 있는가? 음성규칙을 표현하는 정식 자체가 문제의 소지가 있는 것으로 언급되기도 한다.

예컨대 산스크리트어 ç의 출현에 대한 규칙(이 규칙은 사실 ç의 출현이 아니라 ç/s의 교환을 연구하는 것임을 인정하는 것인데, 이는 분명 사실이다)을 세울 필요가 있다고 가정한다면(가정해야 하기 때문에), 이러한 사실들을 받아들인 후 무엇 때문에 이런 상황에서 산스크리트어 ç가 s로 〈된다〉고 말하기보다 저런 상황에서 s가 ç로 〈된다〉고(우리는 〈되기〉라는 말의 심각한 문제를 제쳐 두고자 한다) 말하는가?[44]

셋째, 언어학적 정체성에 대하여. 용어상의 문제는 곧바로 이론상의 문제로 이어지고 마침내 문법적 실체가 무엇인지, 언어학의 대상이 무엇인지에 대한 근본적인 물음이 제기되기에 이른다.

언어학은 제일의 직접적인 대상으로서 자신 앞에 주어진 대상, 예컨대 물리학, 화학, 식물학, 천문학 등과 같이 감각에 주어진 사물들의 총체와 마주치는가? 어떤 방식으로든 어떤 계기에서든 절대 그렇지 않다. 언어학은 감각적 소여에서 출발할 수 있는 과학들과는 극단적으로 대립하는 지점에 위치한다. 음성적 소리의 연속체, 예를 들어 mer(m+e+r)는 분명 청각적이거나 생리학적 영역에 속한 실체이다. 하지만 이 상태로는 어떤 자격으로든 언어적 실체가 아니다.[45]

19세기 역사비교언어학이 천착한 음성법칙은 한마디로 m+e+r에 대한 것이었다. 소쉬르에 따르면 이는 문법적·언어적 실체라고 할 수 없는 것들이다. 언어적 실체를 어떻게 정의할 것인가? "m+e+r에 관념이 결합할 때 비로소 언어가 존재하게 된다."(*ibid.*) 언어학의 대상의 문제는 언어적 정체성의 문제와 무관하지 않다. 바로 이 문제가 소쉬르가 제기한 가장 강력한 이의제기다. 소쉬르는 이렇게 말했다.

언어적 정체성은 그것이 이질적인 두 요소의 결합을 함축한다는 매우 특이한 점을 지니고 있다. 가령 한편으로 철판, 금조각, 구리판 등의 화학적인 성분과 다른 한편으로 말, 소, 양 등의 동물학적인 〈종〉을 별도로 규정하는 일이라면, 그것은 용이한 두 작업이 될 것이다. 그런데 만일 말에 매단 철판이나 소 등 위에 올린 금조각, 혹은 구리 장식을 한 양이라고 하는 매우 기이한 이 결합 전체를 과연 어떤 종이 대표하느냐는 문제를 결정하라고 하면 사람들은 이 작업이 언어도단이라고 항변하면서 고함을 지를

것이다. 이 모순된 작업은 바로 언어학자가 늘 처해 있는 것으로 이해해야
만 하는 바로 그 작업이다. 여기서 정말로 너무나 정당한 표현을 사용하자
면 언어학자는 점근선의 형태로 해결을 보려고 할 것이다. 즉, 관념을 분
류하고 나서 형태를 관찰한다든지 혹은 형태를 분류하고 나서 관념을 관
찰한다든지 하는 것이 논리적인 것처럼 보일 것이다. 이 두 경우 그는 자
신의 연구와 분류의 형식적 대상이 구성하고 있는, 다시 말해 두 영역의
접점을 제대로 인식하지 못하고 만다.[46)]

소쉬르가 『언어의 이중 본질에 관하여』에서 처음으로 언급한 문제
는 "항상 되돌아와야 하는" 물음, 다시 말해 언어학의 처음과 끝인 원
리, 요컨대 "언어적 정체성은 무엇이냐는 문제"다. 소쉬르가 이후 『강
의』에서 시니피앙과 시니피에, 공시태와 통시태, 랑그와 파롤 등의 구
분을 제안한 것은 모두 언어적 정체성에 대한 질문에 대답하기 위해
서였다. 먼저 이 구분들이 이분법dichotomie, dichotomy이 아니라 이중성dualité,
duality의 문제임을 지적하도록 하자. 위에서 소쉬르는 아직 시니피앙이
나 시니피에라는 전문용어를 사용하고 있지 않지만 이 둘의 관계를
이중성이라는 개념으로 접근하고 있다. 이중성은 이분법과 다른 것
이다. 이분법은 방법론적 사유에 불과하다. 이를테면 관념(시니피에)
을 먼저 다루고 이어서 형태(시니피앙)에 접근한다든지 형태를 먼저 다
루고 나중에 관념을 천착한다든지 하는 것이 이분법적 태도이다. 소
쉬르는 19세기 언어학의 문제점을 이러한 이분법적 태도에서 찾는다.
이중성에 기초한 사유는 "말에 매단 철판이나 소 등위에 올린 금 조

각, 혹은 구리 장식을 한 양이라고 하는 매우 기이한 이 결합 전체"라는 괴물성에 한 치의 양보도 없이 당당히 맞서야 한다. 다시 말해 관념(시니피에)과 형태(시니피앙)라는 "두 영역의 접점"을 제대로 인식할 수 있어야 한다. m+e+r에 관념적 실체가 결합할 때 비로소 언어가 존재하는 것이다. 이러한 "기이한 결합 전체"를 대상으로 하는 언어학은 과연 어떤 과학일까? 「취임강연」에서 제기된 언어학의 인식론적 물음이 여기서 되풀이되고 있음을 알 수 있다.

넷째, 관점에 대하여. 인식론적 관점에서 『언어의 이중 본질에 관하여』의 가장 창의적이고 독창적인 지점은 '사실의 과학'과 '관점의 과학'을 구분한 것이다. 요컨대 언어학은 사실의 과학이 아니라 관점의 과학이다.

> 본질적으로 관점이 선행한다고 말해야만 한다. 그렇지 않다면 단순히 언어적 사실을 관찰하는 것조차 불가능해진다.[47]

대상이 관점에 선행하는 것이 아니라 관점이 대상에 선행한다는 인식론적 테제는 실증주의에 대한 정면 도전이다. 주어진 대상에 대해 이런 저런 관점을 적용해 보는 것은 일반적인 태도에 해당한다. 소쉬르는 이러한 일반적 상식에 맞서 사실에 대한 논의를 관점에 대한 논의로 전환한다. 코페르니쿠스적 전환이랄까? 이 점이 바로 언어학이 일반적인 과학과 다른 지점이다. 소쉬르가 주목한 관점은 크게 두 가지다. 하나는 '순간'의 관점이고 다른 하나는 수직적·통시적 관점이다. 전자는 언어의 상태에, 후자는 언어의 역사에 각각 상응한다.

관점의 과학이라는 측면에서 소쉬르가 새롭게 주목한 것이 언어의 역사와 언어 상태의 구분이다.

정반대로 우리는 사실상 그 자체로서 고려된 각 언어 상태와 관련된 과학적 연구가 존재함을 주장하고자 한다. 이 연구는 역사적 관점의 개입을 요구하지 않으며, 이 관점에 전혀 의존하지 않을 뿐만 아니라 온갖 종류의 역사적 전망들과 개념들 그리고 역사적 용어들에 대한 철저한 무력화를 그 예비조건으로 삼는다.[48]

『시론』에서 그리고『논고』에서 비록 이 작업들이 역사언어학에 속한 것이라 할지라도 소쉬르는 자음이든 모음이든 음성적 체계에 대한 관심을 지속적으로 드러낸다. 하지만 이러한 관심을 19세기 언어학의 역사적 전망을 부인하는 것으로 해석한다면 이는 소쉬르의 의도를 잘못 이해한 것이다. 언어의 역사를 부정하고 언어의 상태를 기술해야 한다는 것이 소쉬르의 주장은 결코 아니다.『언어의 이중 본질에 관하여』의 핵심 요지는 언어의 이중성이라는 전망 속에서 파악되어야 한다. 언어의 역사와 상태는 언어의 이중 본질에 속하는 것이다. 『언어의 이중 본질에 관하여』에서 소쉬르가 착수한 것이 바로 이 조건에 대한 탐구다. 기존 용어들의 무력화, 기존 개념들과 모델들의 한계설정, 언어학적 대상의 지위에 대한 올바른 인식, 언어적 정체성과 언어학의 과학성에 새로운 물음 등이 말하자면 이러한 탐구를 구성하는 요소들이다. 언어는 이중성으로 구조화된 대상이다. 앞서 지적했듯이 이러한 이중성의 대상을 포착할 수 있는 것은 오직 관점뿐이다. 『언어의 이중 본질에 대하여』에서 소쉬르는 특별히 네 가지 관점을 검토한다. 여기서는 언어의 본질 자체와 관련된 두 가지 관점만을 인용하고자 한다.

> I과 II는 언어사실 자체의 본성에서 기인한 것이다.
>
> I. 언어상태 자체의 관점
>
> - 순간적인 관점과 다르지 않다.
>
> - 기호학적(혹은 기호-관념적) 관점과 다르지 않다.
>
> - 반^{反}역사적 의지의 관점과 다르지 않다.
>
> - 형태론적 혹은 문법적 관점과 다르지 않다.
>
> - 결합된 요소들의 관점과 다르지 않다.
>
> II. 수직적 정체성의 관점
>
> - 통시적 관점과 다르지 않다.
>
> - 음성학적(혹은 관념에서 추출된, 기호 기능에서 추출된 음성 형상. I
>   에 따르면 이 둘은 동일한 것이다) 관점과 다르지 않다.
>
> - 고립된 요소들의 관점과 다르지 않다.[49]

다섯째, 언어학의 미래에 대하여. 언어학은 사실의 과학이 아니라 관점의 과학이다. 여기서 관점은 한마디로 화자의 관점이다. 언어 상태, 곧 순간의 관점은 화자의 관점이고 수직적 정체성, 곧 통시적 관점은 화자의 관점과는 무관한 것이다. 언어학의 알파와 오메가로 규정된 언어적 정체성의 문제를 제기함으로써 소쉬르가 새롭게 도입한 것이 바로 '화자'의 문제다. 18세기 일반문법에서도 19세기 비교문법에서도 화자의 관점은 고려의 대상이 되지 않았다. 일반문법의 모델은 라틴어였고 비교문법의 모델은 산스크리트어였다. 이들은 모두 문헌으로 존재하는 언어다. 언어학이 사실의 과학으로 간주될 수 있었던 것은 이러한 문헌 자료의 존재 덕분이다. 이제 언어학은 더 이상 사실의 과학이 아니라 관점의 과학이다. 사실의 과학을 보강해 주는 것이 문헌자료라면 관점의 과학을 뒷받침해 주는 것은 다름 아닌 화자다.

사실에 대한 논의를 관점에 대한 논의로 대체할 때만이 거대한 악의 순환 고리가 언어학에서 완전히 끊어질 수 있다. 왜냐하면 언어사실의 흔적은 전혀 존재하는 것이 아니기 때문이며, 어떤 하나의 관점을 채택하기 전에 언어사실을 포착하거나 결정할 수 있을 가능성이 전혀 존재하지 않기 때문이다.[50]

다시 한 번 더 강조하지만 여기서 관점은 화자의 관점이다. 오늘날 언어학이 단순히 문헌학이 아니라 인지과학으로 발전할 수 있었던 것은 언어학적 탐구에 화자의 문제가 새롭게 도입됐기 때문이다. 언어학사에서 결정적인 단절은 화자의 출현과 더불어 발생한다. 소쉬르가 이 단절을 가장 먼저 간파했다고 말할 수는 없어도 이 단절의 의미를 가장 깊이 성찰했다고 말할 수는 있을 것이다. 예를 들어 화자의 관점에 의존해야 하는 언어학은 과연 어떤 과학일까? 소쉬르에게 이 질문은 두려운 것이었다. 그의 내밀한 생각에 다가가 보자. 소쉬르는 이렇게 말했다.

우리의 내밀한 생각을 말해야 할까? 두렵건대 언어가 무엇인가에 대한 정확한 관점은 언어학의 미래에 대한 의구심을 불러일으킨다. 이 과학에는 합리적으로 대상을 포착하는 데 필요한 작용의 전체와 그 대상의 중요성 사이에 불균형이 존재한다.[51]

우선 화자의 의식 속에 포착된 언어를 다시 포착해야 하는 과학. 오늘날 여전히 이 과학의 과학성에 대한 의구심이 모종의 두려움을 일으키지 않는가? 수고는 상실됐고 소쉬르의 내밀한 생각은 곧바로 침묵 속에 잠겼다. 소쉬르의 반시대적 고찰이 끝을 맺지 못한 채 마무리된 것이다. 그럼에도 불구하고 한 시대와 맞서 싸운 두툼한 수고 뭉치의 마지막 장에 드러난 그의 내밀한 생각은 그가 여전히 우리와 동시대인임을 말해 주지 않는가?

10장

랑그와 구조주의

4장에서 인용한 제네바 일간 신문의 기사 제목을 좀 더 거시적인 맥락에서 재검토해 보자. "천재 언어학자는 철학자이자 시인이었다." 지금까지의 논의를 통해 『시론』에서 시작해서 『논고』를 거쳐 「취임강연」과 『언어의 이중 본질에 대하여』에 이르기까지 소쉬르의 '텍스트'에 어른거리는 사유의 이미지는 크게 두 가지 유형으로 수렴된다. 하나는 철학적인 것이고 다른 하나는 시적인 것이다. 이른바 변별적 환원은 재현에 기초한 사유와 단절을 고한다. 이는 철학사적으로 중대한 전환을 의미하는 것이다. 재현적 사유에 따르면 a, b, c, d 등의 계열이 α로 환원될 수 있는 것은 α가 이들의 공통 요소를 감각적으로 혹은 이념적으로 대표하기 때문이다. 재현적 환원이 이루어질 때 하나의 계열은 범주가 된다. 이러한 오랜 철학 전통에 균열을 일으키는 사유의 논리가 변별적 환원이다. 이 논리에 따르면 a, b, c, d 등의 계열이 α로 환원될 수 있는 것은 α가 이들을 재현하기 때문이 아니라 α가 그것이 아닌 다른 것, 예를 들어 β와 구별되기 때문이다. 바로 이 논리가 구조주의 사상운동의 근간을 형성하는 것이다. 『일반언어학 강의』에 비록 '구조'라는 용어는 등장하지는 않지만 소쉬르는 『시론』에서부터 늘 구조주의적으로 사유했다. 이러한 철학적 통찰뿐만 아니라 소쉬르의 텍스트는 시적 영감으로 가득하다. 『시론』과 『논고』에서 이러한 시적 영감은 문자적 추상화라는 형태를 취한다. 예를 들어 소문자 k를 대문자 K로 다시 쓴 것, 이를 통해 후음의 음성적 자질을 괄호 안에 묶고 그것의 위치만을 고려한 것, 인도유럽어 원시모음 체계에 A라는 '문자'를 도입한 것 등이 문자적 추상화라는 사유의 움직임을 드러내는 것이다. 이처럼 하나의 문자를 원시 자음체계나 모음체계에 기재함으로써 비로소 관계적 사유의 질서가 확립될 수 있었다. 바로 이 질서 위에서 변별적 환원이라는 반재현적 사유가 펼쳐질 수 있었다.

한 세기는 달력과 더불어 시작하는 것이 아니라 사건과 더불어 시작한다. 앞서 지적했듯이 20세기는 지금으로부터 100년 전 1916년에 시작됐다. 1916년에 출간된 한 권의 책. 이 책의 제목은 『일반언어학 강의』다. 이제 이 책에서 소쉬르의 사유의 움직임이 어떻게 전개되는가를 구체적으로 살펴보고자 한다.

첫째, 용어법적 추상화. 『언어의 이중 본질에 대하여』이후 새로운 사유의 질서를 여는 시적 몸짓은 앞서 자세히 살펴봤듯이 주로 용어법의 혁신이라는 형태로 전개된다. 이를 '용어법적 추상화abstraction terminologique'라고 부르도록 하자. 추상화가 '떼어 내는' 것이라고 할 때 용어법적 추상화는 특정한 용어를 사용하여 '떼어 내는' 것이다. 떼어 내는 것은 이를 통해 무엇보다 하나의 공간을 마련하기 위함이다. 요컨대 떼어 내기는 곧 공간내기다. 『시론』에서 소년 소쉬르가 도입한 새로운 용어, 즉 '프로테'와 '되테르'는 한 음절 안에 첫 번째와 두 번째라는 자리를 마련한 공간내기와 다른 것이 아니다. 언어학 개론서에 종종 등장하는 소쉬르의 언어학 이론은 주로 몇 개의 이분법들로 요약되어 있다. 이를테면 공시태/통시태, 랑그/파롤, 시니피앙/시니피에 등이 그것이다. 이러한 일군의 이분법들을 지칭하는 용어들은 모두 소쉬르가 심혈을 기울여, 다시 말해 비판적으로, 그리고 무엇보다 시적 영감으로 고안해 낸 것들이다. 예를 들어 '시니피앙signifiant, 기표, 표현'과 '시니피에signifié, 기의, 내용'라는 두 용어는 일반언어학 제3차 강의가 거의 막바지에 다다른 시점, 그러니까 1911년 5월 19일에 가서야 비로소 확정된 것이다. 다시 한 번 더 강조하자면 이러한 용어법적 혁신, 이른바 용어법적 추상화는 새로운 사유 질서의 도입과 무관한 것이 아니다. 시니피앙과 시니피에는 'signifier'라는 하나의 기호signe에서 파생된 동사의 현재분사와 과거분사를 가리킨다. 이는 시니피앙과 시니피에가 서로 환원 불가능하면서도 분리 불가능하다는 사실, 다시 말해 이들의 이중 구속을 개념적으로 포착하기에 앞서 먼저 문법적으로, 용어법적으로, 언어적으로 예고하는 것이다. 이러한 용어법적 추상화 덕분에 새로운 기호학적 질서, 말하자면 환원 불가능하면서도 분리 불가능한 두 요소로 이루어진 소위 "기이한 결합 전체"로서의 기호학적 질서가 창출될 수 있었다. 공시태synchronie와 통시태diachronie는 '-chronie' 라는 공통의 어근이 잘 보여 주듯 언어의 시간적 존재방식에 방점을 찍는다. '언어 상태état de la langue', '언어 변화changement de la langue' 등의 용어에 비해 이들이 갖는 장점은 이러한 존재양태의 이중성을 함축적으로, 다시 말해 용어법상으로 잘 요약한다는 것에 있다. 공시태의 '공syn-, 共' 은 '함께 있는 것'을 가리키고 통시태의 '통dia-, 通'은 '따로 떨어져 있는 것'을 가리킨다. 이 두 질서의 차이는 근본적인 것이다. 『논고』에서 소쉬르가 천착한 모음변이라는 형태론적 질서는 공시태에 속한 것으로 여기서는 모든 것이 다른 모든 것과 관련을 맺고 존재한다. 인도유럽어 원시모음 체계에 A라는 문자가 기재될 수 있었던 것은 바로 이러한 관계적 질서 위에서다. 반면에 (역사)음성학적 질서는 통시태에 속하는 것으로 여기서는 서로 다른 시간대에 따로 존재하는 개별적 요소들만이 문제가 된다. 따라서 전자가 '체계적systémique'이라면 후자는 '원자적atomique'이다. 구조음운론을 완성한 로만 야콥슨Roman Jakobson이 19세기 역사언어학을 비판한 것은 그것이 이처럼 언어의 변화를 체계적인 것이 아니라 원자적인 것으로 간주했기 때문이다. 『언어의 이중 본질에 대하여』이후 소쉬르는 유추의 조건이 되는 형태론적 질서를 좀 더 포괄적인 새로운 문제의 틀로, 다시 말해 기호학적 질서로 재해석하는 작업에 착수한다. 그가 통시태보다 공시태를 더욱 중요한 것으로 간주한 이유는 다름 아닌 공시태 속에서 시니피앙과 시니피에의 결합 단위인 기호가 온전히 포착될 수 있기 때문이다. 주지하다시피 기호는 단독으로 존재하는 것이 아니라 항상 다른 기호들과의 관계 속에 존재한다. 이러한 기호학적 관계를 담아낼 수 있는 시간적 양태가 곧 공시태인 것이다. 이처럼 공시태라는 용어의 도입으로 새로운 사유의 질서, 말하자면 모든 것이 모든 것과 관련된 이른바 관계적 사유의 질서가 '추상화'된다. 이 질서 위에 존재하는 언어는 어떤 것일까? 소쉬르의 '랑그'는 무엇보다 이 질문에 대한 대답이다. '랑그'라는 새로운 용어는 공시적 질서 속에서 기호들이 맺고 있는 관계들의 총체를 지칭한다. 주지하다시피 소쉬르는 개인의 통제 하에 놓여 있는 파롤과 이러한 통제에서 벗어난 랑그를 구분한다. 전자는 실제적으로, 후자는 잠재적으로 존재한다. 파롤은 랑그의 구체적인, 다시 말해 개인적인 실현이며, 랑그를 전제하지 않은 파롤은 불가능하다. 마찬가지로 랑그는 궁극적으로 파롤로 실현되어야 한다. 언어활동을 랑그와 파롤의 이러한 변증법적 관계의 총체로 규정함으로써 소쉬르는 구체적이면서도 전적인 언어학의 대상에 접근하고자 했다.

혹자에 따르면 상술한 소쉬르의 구분들은 그 당시 이미 세간에 떠도는 생각들이었다. 예를 들어 게오르크 폰 가벨렌츠Georg von Gabelentz가 소쉬르보다 앞서서 공시태와 통시태, 랑그와 파롤 등의 구분을 도입했다는 주장이 제기됐다. 언어학에서뿐만 아니라 사회학 영역에서 전개된 뒤르켐Emile Durkheim과 타르드Gabriel Tard의 유명한 논쟁이 사회적 사실(뒤르켐)로서의 랑그와 개인적 행위(타르드)로서의 파롤을 구분하는 데 결정적으로 기여했다는 주장도 제기됐다. 소쉬르의 공헌은 이처럼 세간에 떠도는 생각들을 하나의 체계로 엮은 것에 있다고 할 수 있다. 소쉬르의 영향사적 맥락을 재구성하려는 언어학사가들의 이러한 시도는 환영할 만한 것이다. 소쉬르가 정교하게 잘 짜인 자신만의 고유한 사유 시스템을 제시한 것은 분명해 보인다. 『언어의 이중 본질에 대하여』 첫 문장은 대여섯 가지 언어학적 진리 가운데 특정한 이런저런 진리에 특권을 부여하는 일이 결코 가능하지 않음을 지적하는 것으로 시작한다.

> 이런저런 언어학적 진리에 특권으로 부여함으로써 확고한 출발점으로 삼고자 하는 일은 사실 불가능하다. 하지만 대여섯 가지의 근본적 진리는 존재한다. 이들은 서로 긴밀하게 연결되어 있어 별반 차이 없이 어느 곳에서든 출발하는 것이 가능하다. 어느 한 지점으로부터 출발하더라도 다른 모든 진리와 동일한 결과를 초래할 무한한 분지에 논리적으로 도달하게 될 것이다.[52]

위에서 언급된 대여섯 가지 언어학적 진리는 『강의』에서 이분법적 형식으로 정식화될 것이다. 이들 가운데 어느 하나에서 출발하더라도 "별반 차이 없이" 마치 원을 그리며 빙글빙글 돌 듯 항상 제자리로 되돌아갈 것이라는 게, 말하자면 항상 동일한 결과에 도달하게 될 것이라는 게 소쉬르의 통찰이다. 앞서 소쉬르의 이분법을 소개한 순서, 다시 말해 시니피앙과 시니피에의 구분에서 시작해서 공시태와 통시태의 구분을 거쳐 랑그와 파롤의 구분에 이르고 다시 기호학적 질서로 되돌아간 논의의 순서는 이러한 순환 논리를 잘 보여 준다. 이를 명제의 형식으로 요약해 보자. 기호는 공시태의 조건이고 공시태는 랑그의 조건이며 랑그는 기호의 조건이다. 이처럼 소쉬르의 이분법들은 어디에서 출발하더라도 항상 제자리로 되돌아오는 정교하게 잘 짜인 이론적 체계를 형성한다. 하지만 소쉬르의 궁극적인 공헌은 세간에 떠도는 생각들을 순환적 구조로 정교하게 직조한 것에 있다기보다 새로운 사유의 질서를 활짝 연 것에 있다.

그동안 언어학의 연구 대상으로서 언어는 줄곧 고대의 문헌 자료 더미에 파묻혀 있었다. 이 자료로서의 언어를 여기서 꺼내 살아 숨 쉬는 새로운 공간으로 옮긴 것이 용어법적 추상화라는 시적인 사유의 움직임이다. 소쉬르는 일반언어학 3차 강의를 시작하면서, 정확하게 말해 1910년 11월 4일 강의 개요를 크게 세 부분으로 나누어 소개한다. ① 언어들Les langues, ② 랑그La langue, ③ 개인의 언어능력과 사용Faculté et exercice du langage chez les individus. 19세기에 언어들을, 예를 들어 라틴어, 그리스어, 고트어 등을 비교 가능하게 한 것은 산스크리트어였다. 강의 개요에 잘 드러나 있듯이 이제 이 자리에 다름 아닌 랑그가 들어선 것이다. 랑그는 단순히 언어학의 대상이 아니다. 산스크리트어가 비교문법의 조건이듯 랑그는 언어학의 조건인 것이다. 소쉬르의 언어학을 랑그의 언어학이라고 부르는 까닭은 바로 여기에 있다. 언어들을 비교해서 궁극적으로 인도유럽어 조어를 재구하려는 것이 19세기 역사비교언어학의 숭고한 목적이었다면 이제 "언어학자는 시간과 공간 속에서 관찰된 것의 일체로부터 '일반적인' 것"[53] 곧 '랑그'에 다다라야 한다. 공시태라는 사유의 공간이 존재하지 않는다면 랑그도 존재할 수 없다. 랑그라는 사유의 공간이 존재하지 않는다면 기호들의 자유로운 놀이는 불가능하다. 용어법적 추상화가 겨냥하는 것은 이러한 새로운 사유의 공간내기와 다름 아니다. 앞서 여러 차례 언급했듯이 들뢰즈는 20세기 새로 등장한 사유의 질서를 상상적인 것도, 실재적인 것도 아닌 상징적인 것으로 규정한다. 용어법적 추상화로 소쉬르가 도입하고자 한 것이 바로 이 상징의 질서다. 그를 단순히 현대 언어학의 아버지로 추앙하는 것을 넘어서서 20세기 사유의 지형도를 새롭게 그린 세기의 사상가로 간주할 만한 충분한 이유가 여기에 있는 것이다.

둘째, 변별적 환원. 이러한 반재현적 사유의 움직임을 살펴보기 위해 이제 거시적 담론의 차원으로부터 나와 미시적인 텍스트 분석의 차원으로 들어가 보자. 지금 『일반언어학 강의』라는 텍스트에서 가장 문제적인 지점으로 시선을 돌리고자 한다. 소쉬르는 『일반언어학 강의』 2부 「공시언어학」 제4장 「언어 가치」에서 가치의 "문제 전체"를 밝힐 수 있는 적절한 사례로 다름 아닌 문자 체계를 언급한다. 『강의』 「서론」 4절 「서기법과 발음 사이의 불일치 원인」에서는 음声에 대한 "문자의 횡포"가 경계의 대상으로 제시되어 있다.[54] 이처럼 현대적 의미의 언어학이 탄생하기 위해 철저히 억압되어야만 했던 문자écriture가 『강의』 2부 4장에서 역설적이게도 이 언어학의 가장 기초적인 원리에 해당하는 가치 개념의 가장 적절한 사례로 제시된다. 여기서 잠시 해체의 철학자 데리다의 테제를 떠올려 보자. 그에 따르면 체계의 체계성을 형성하는 것은 이 체계에 저항하는 비체계적 요소다. 체계의 가장 약한 고리가 체계의 체계성을 구성한다는 말이다. "문자의 횡

포"에서 벗어날 때 비로소 확보될 수 있는 언어학적 체계의 체계성이 이 체계를 위험에 빠뜨릴 수 있는 문자 체계를 전범으로 삼아야 하는 이러한 아이러니가 20세기 가장 예리한 독자의 눈을 비껴가지 못했다는 사실은 결코 놀라운 일이 아니다.[55] 주지하다시피『그라마톨로지』에서 문자의 철학자 데리다가 공략한『강의』의 가장 약한 고리는 문자 체계에 관한 것이다. 이와 관련된 가장 핵심적인 문구를 인용해 보자.

문자 체계라는 또 다른 기호 체계에서 동일한 상태가 확인되므로, 우리는 이를 비교 사항으로 삼아서 문제 전체를 밝혀 보겠다. 사실,

1. 문자 체계의 기호는 자의적이다. 예를 들어 문자 t와 이것이 지적하는 소리 사이에는 아무 관계도 없다.

2. 문자의 가치는 순전히 부정적이고 차이적이다. 가령 한 사람이 t를 쓸 때, 다음과 같은 변이형(t, $\mathcal{L}$, $\mathcal{t}$)들로 쓸 수 있다. 단지 중요한 것은, 그의 필체에서 이 기호가 l, d 등의 기호와 혼동되면 안 된다는 것이다.

3. 문자 체계의 가치들은, 규정된 체계 내에서 그들 상호간의 대립에 의해서만 작용하는데, 이 체계는 한정된 수의 문자들로 구성되어 있다. 이 특성은 제2의 특성과 동일하지는 않으나 밀접한 관계가 있는데, 그 이유는 두 특성이 모두 제1의 특성에 의존하기 때문이다. 서기 기호는 자의적이므로 그 형태는 거의 중요하지 않거나 혹은 더 적절히 표현하면, 체계가 부과하는 한계 내에서만 중요하다.

4. 기호의 생산 수단은 전혀 문제가 되지 않는데, 이는 체계와 아무 상

관이 없기 때문이다.(이 점 역시 제1의 특성에서 비롯된다.) 문자를 흰색으로 쓰거나 검은색으로 쓰거나, 음각으로 하거나 양각으로 하거나, 펜으로 쓰거나 끌로 파거나, 그 의미에는 아무 상관이 없다는 것이다.[56]

『강의』의 주변에서 『강의』의 핵심으로 파고들어가 보자. 위의 인용문에는 소쉬르의 일반 언어학적 기획 전체를 요약하는, 좀 더 구체적으로 말하자면 문자 체계에 대한 네 가지 기호학적 테제가 잘 정식화되어 있다. 변별적 환원이라는 사유의 움직임을 떠받치고 있는 이 네 테제는 요컨대 랑그의 테제이자 구조주의의 테제다.

첫 번째 테제는 자의성의 테제다. 만약 소쉬르가 철학사적으로 중요한 전환점을 이룬 사상가로 평가받을 수 있다면 그것은 전적으로 그의 자의성 테제 덕분이다. 이 테제는 재현적 사유와의 인식론적 단절을 요구하는 가장 강력한 테제다. 재현적 사유는 재현의 대상 곧 지시체를 전제한다. 소쉬르의 기호 개념에는 이러한 지시체가 들어설 자리가 없다. 자의성이 지시 관계를 완전히 쫓아냈기 때문이다. 지시 관계가 여전히 존재한다면 변별성은 불필요한 것이 되고 따라서 변별적 환원도 이루어지지 않을 것이다. 말하자면 자의성이 변별성의 조건인 셈이다.

"문자 t", 즉 시니피앙과 "이것이 지적하는 소리", 즉 시니피에 사이의 관계, 요컨대 "서기기호"는 언어기호와 마찬가지로 자의적이다. 언어학 개론서를 훑어보면 종종 자의적이라는 말과 관습적이라는 말이

동의어인 양 취급되곤 하는데 전자는 후자보다도 더욱 본질적이고 근원적이며 극단적인 관계를 뜻한다. 관습적이란 무엇보다도 자연적이거나 필연적이지 않다는 말로 이해될 수 있다. 이를테면 동양에서는 묵례로, 서양에서는 악수로 인사를 주고받는데, 이는 동양인과 서양인이 인종학적으로 서로 달라서가 아니라 단지 이들의 관습이 다르기 때문이다. 그런데 자연적이거나 필연적이지 않다고 해서 사회적 합의를 전제하는 관습이라는 개념을 단순히 비합리적인 것으로 폄훼할 필요는 전혀 없다. 예를 들어 사회계약론은 계약에 참여하는 자율적인 주체의 합리적이고 논리적인 판단을 전제로 삼아야 하는데, 가령 이러한 전제가 부당하다면 자연 상태에서 정치공동체로의 이행을 설명하는 계몽주의적 모델은 성립하지 않을 것이다. 반면, 관습적이라는 말과 달리 자의적이라는 말은 자연적이거나 필연적이지 않을 뿐만 아니라 합리적이지도 논리적이지도 않음을 뜻한다. 예를 들어 프랑스어로 17은 'dix-sept'이다. 이 표현은 10+7=17이라는 수학적 구조와 비슷한 것처럼 보인다. 프랑스어가 논리적이라면 10+7=17일 뿐만 아니라 7+10=17도 성립되어야 할 것이다. 유감스럽게도 'sept-dix'는 프랑스어에 존재하지 않는다. 언어는 언어만의 논리로 작동하는 체계라고 말해야 하는지 모른다. 아무튼 이 논리는 우리가 아는 논리와는 다른 것이다. 이런 점에서 자의성은 관습성보다 더욱 극단적인 테제라고 할 수 있다. 예컨대 홍길동이 아버지를 '아버지'라고 부르지 못하는 데에는 어떤 이유가 존재하지만 프랑스 사람이 아버지를 '아버지'라고 부르지 못하는 데에는 합리적이거나 필연적이거나 자연적이거나 논리적인 어떤 이유도 존재하지 않는다. 소쉬르에 따르면 "문자 t와 이것이 지적하는 소리 사이에는 아무 관계도 없다." 기호는 바로 이 무無바탕 위에 그 바탕을 두고 있다. 저 밖에 존재하는 하나의 사물로서 지시대상은 결코 기호의 바탕을 채울 수 없다. 자의성의 원리는 지시 관계와의 철저한 단절을 요구한다. 무바탕으로서의 바탕. 이것이 소쉬르의 자의성 테제가 궁극적으로 의미하는 바다. 바로 이 무바탕으로서의 바탕 위에서 푸코의 표현을 빌리자면 고전주의를 지배했던 재현의 시대는 끝이 났으며 이제 '차이'의 세기가 시작된 것이다.

두 번째 테제는 차이의 테제다. 이 테제는 변별적 환원이라는 소쉬르 사유의 논리를 잘 요약한 것이다. 위의 인용문에 잘 예시되어 있듯이 t, $\mathcal{A}$, $\mathcal{t}$ 라는 필체의 계열이 있다고 하자. 이 계열은 무한한 차이화의 과정에 노출되어 있다. 이 계열이 예를 들어 t로 환원될 수 있는 것은 이 계열에 속한 모든 t가 t로 재현될 수 있어서가 아니라 이 t가 그것이 아닌 l이나 d와 변별적으로 구별되는 한에서다. 소쉬르에 따르면 이 테제는 첫 번째 테제의 논리적인 귀결에 지나지 않는다. 변별적 환원이 적용되기 위해서는 자의적 관계가 먼저 성립되어 있어야 한다. t가 그것이 지시하는 소리에 의해 정의되는 것이 아니라 그것이 아닌 다른 것, 예를 들어 l이나 d와 변별적으로 구별됨으로써 가치를 획득하는 것이다. 자의성의 테제는 재현적 환원을 원천적으로 봉쇄한다. 기호의 내부에 지시의 흔적은 결코 남아 있지 않다. 이처럼 기호가 텅 비어 있다면 기호의 가치는 자기 자신이 아닌 다른 것에 의해 결정될 수밖에 없다. 자의성의 테제가 기호의 내부를 철저히 부정함으로써 스스로를 비우는 것이라고 할 때 이러한 극단적인 조건 하에서 제시된 차이의 테제는 자기 자신이 아닌 자기 자신과 다른 자기 주변에 존재하는 또 다른 기호들에 대한 절대적 호소로 이해될 수 있다. 이를테면 t의 가치는 t 자체의 내적 속성, 예를 들어 필체적 속성이나 외적 속성, 예를 들어 그것이 지시하는 소리가 아니라 t의 곁에 존재하는, 말하자면 t와 전혀 관계없는 l이나 d와의 관계에 의해 결정될 수밖에 없다.

세 번째 테제는 체계성의 테제다. 사실 소쉬르는 차이의 테제에 대한 논의에서 두 가지 유형의 차이를 언급하고 있는데 이를 눈여겨볼 필요가 있다. 하나는 필체상의 차이다. 이 차이는 들뢰즈의 표현을 빌리자면 순수한 차이, 차이 그 자체다. 이 차이는 끊임없이 차이화하는 차이다. 다른 하나는 변별적 차이다. 들뢰즈는 이를 재현적 차이라고 명명하고 비판하지만 소쉬르가 언급한 변별적 차이는 결코 재현에 기초한 것이 아니다. 물론 소쉬르의 변별적 차이는 들뢰즈의 재현적 차이와 마찬가지로 순수한 차이의 분화를 억제하는 역할을 수행한다. t가 l이나 d와 변별적으로 차이가 나는 한에서 t, t, t 등의 순수한 차이들이 t로 환원될 수 있다는 것, 바로 이것이 억제의 역할인 것이다. 그런데 t는 l이나 d뿐만 아니라 k, r, p 등과도 구별되어야 하지 않는가? 변별적 차이도 순수한 차이처럼 무한히 분화될 수 있는 것이 아닌가? 소쉬르가 세 번째로 제시한 체계성의 테제는 이 질문에 대한 대답이다. 이 테제는 t와 l과 d 사이에 존재하는 차이를 필체상의 차이와 같은 순수한 차이가 아니라 "규정된 체계 안"에서, 좀 더 구체적으로는 알파벳 문자 체계 안에서 "작용하는" 차이로 규정, 한정, 통제, 제한한다. 변별적 차이를 억제하기 위해서는 차이화의 무한한 과정을 과감하게 중단시키는 개입, 모종의 강제력이 필요하다. 체계는 바로 이러한 개입의 한 양상이다. 체계를 구성하는 서기 기호들의 수를 임의로 한정함으로써, 바꿔 말해 체계의 문을 과감히 닫아 버림으로써 수많은 변별적 차이의 무한한 차이화 가능성이 차단되고 하나의 단순한 차이는 대립으로 전환된다. 이처럼 무한한 차이를 포섭하는 장치가 바로 체계인 것이다. 요컨대 순수한 차이가 변별적으로 환원된다면 변별적 차이는 체계적으로 제압되어야 한다. 여기서 체계의 폭력은 차이의 무한한 증식을 억제하는 동일자의 폭력과 다른 것이 아니다. 후기구조주의자들의 저항이 시작되는 지점이 바로 이곳임은 두말할 필요가 없을 것이다.

네 번째 테제는 형식성의 테제다. 기호의 바탕이 무바탕이기 때문에 기호의 생산 수단이 무엇이든지 간에 기호의 작용방식에는 아무런 영향을 미칠 수 없다는 주장이다. t를 "흰색으로 쓰거나 검은색으로 쓰거나, 음각으로 하거나 양각으로 하거나, 펜으로 쓰거나 끌로 파거나, 그 의미에는 아무 상관이 없다는 것이다." 여기서 '의미'는 문자 체계 안에서 임의로 할당된 t의 위치와 기능과 다른 것이 아니다. t의 가치를 규정하는 것은 바로 이 위치와 기능이며 t를 기입하는 다양한 방식, 즉 '생산 수단'은 이와는 철저하게 무관한 것이다. 장기 놀이에서 장기 말이 무엇으로 만들어진 것이든 간에 그 역할에는 변함이 없는 것과 마찬가지다. 요컨대 기호의 형태는 오직 '체계가 부과하는 한계

내에서만 중요한' 것이다. 이처럼 형식성의 테제는 체계성의 테제를 강화한다.

앞서 지적했듯이 차이의 테제는 변별적 환원을 요약한 것이다. 자의성의 테제는 기호의 내부에서 지시의 흔적을 지움으로써 변별적 환원이 가능한 공간을 확보한다. 체계성의 테제는 이 공간 안에서 차이의 무한한 증식을 억제하는 역할을 수행하고, 형식성의 테제는 이러한 체계성의 테제를 강화한다. 상술한 네 가지 테제 사이에는 일종의 긴장이 숨어 있다. 자의성과 체계성 사이의 긴장이 그것이다. 차이의 무한한 증식의 가능성을 연 것이 자의성의 테제라고 한다면 이러한 가능성을 제한·통제·조정하려는 억제력이 체계성의 테제다. 말하자면 자의성이 차이성의 문을 열고자 한다면 체계성은 차이성의 문을 닫고자 한다. 구조주의와 후기구조주의 사이의 긴장은 한마디로 자의성과 체계성 사이의 긴장이다. 소쉬르의 사유 체계는 이러한 긴장을 그 안에 간직하고 있다.

소쉬르는 "문제 전체를 밝히기" 위해 문자 체계를 하나의 예로 든다. 이 예는 예를 들어 문법서에서 주어, 동사, 목적어의 관계를 예시하기 위해 "나는 당신을 사랑합니다"라는 문장을 예로 든 것과 유사한 것이다. 문제는 이 문장이 실제로는 절대 사용되지 않는다는 것이다. 문자 체계는 가장 좋은 예이지만 실제로 문자 체계와 같은 체계가 언어 안에 존재하는 것은 아니다. 이러한 체계성에 가장 근접한 것은 야콥슨이 고안해 낸 보편 음운론 체계뿐이다. 언어기호들이 맺고 있는 체계의 유형은 다양하고 국지적이며 결코 보편적인 것으로 수렴될 수 없다. 예를 들어 의미론 분야에서 야콥슨의 보편 음운론에 버금가는 의미 자질을 하나의 완벽한 도표로 제시하는 것은 불가능에 가깝다. 그렇다면 과연 변별적 차이는 어떻게 조정될 수 있을 것인가? 가령 이러한 조정이 실패한다면 변별적 환원이 이루어질 수 없게 되고 그 결과 순수한 필체상의 차이들이 넘쳐날 것이며 "흰색으로 쓰거나 검은색으로 쓰거나, 음각으로 하거나 양각으로 하거나, 펜으로 쓰거나 끌로 파거나, 그 의미에는 아무 상관이 없다"는 조건은 폐기되고 실체상의 차이들이 저마다 의미를 주장하기 위해 경합을 벌일 것이다. 자의성이 변별적 환원의 조건이라면 이 조건은 체계성을 위험에 빠트림으로써 변별적 환원을 유예시킬 수 있는 가능성을 자신의 개념 안에 포함하고 있다. 소쉬르가 구조주의의 선구자라면 소쉬르의 구조주의는 이처럼 구조주의의 한계를 자신의 가능성 안에 기입하고 있다.

11장
니벨룽겐의 전설

제네바로 돌아온 소쉬르는 계속해서 글을 쓰기는 썼지만 발표는 하지 않았고 새로운 것을 구상은 했지만 끝맺지는 못했다. 매번 소쉬르의 사유는 단번에 본질로 향하는 기민한 움직임을 선보였지만 이 움직임을 끝내 지켜 내지 못하고 미완의 형태에 머물렀다. 1890년대 중반 이후 1911년에 이르기까지 이 시대를 특징짓는 이러한 미완의 작업들 가운데 두 가지 유형은 소쉬르의 지적 전기에서 매우 독특한 위상을 차지하고 있다. 『전설에 대한 연구』와 『아나그람에 대한 연구』가 그것이다. 전자는 서사학 혹은 신화학 분야에 속한 것이고 후자는 시학 분야에 속한 것이다. 특히 이 두 유형의 연구는 소쉬르가 제네바 대학에서 일반언어학에 대한 세 차례의 강의를 진행하던 시기와 거의 같은 기간에 이루어진 것으로 추정되기 때문에 더욱 세간의 관심을 끌기도 했다. 이를테면 소쉬르는 낮에는 언어학 강의에 열중하고 밤에는 전설과 시에 몰두했다. 언어학, 신화학, 시학 등 이러한 다양한 유형의 연구들이 과연 하나의 과학적 범주로 묶일 수 있을까? 이들은 모두 기호학이라는 학문 영역에 속한 것일까? 당시 소쉬르가 구상한 기호학은 과학의 분류 체계 안에서 그의 표현을 빌리자면 "존재할 권리가 있고 그 위치가 이미 정해져 있기"는 하지만 아직은 존재하지 않은, 말하자면 도래할 학문에 불과했다. 『전설에 대한 연구』에서 상징의 지위에 대한 문제가 제기되고 『아나그람에 대한 연구』에서 고유명사의 문제가 논의되기는 하지만 소쉬르가 이러한 문제들을 『일반언어학 강의』에서 정의한 기호론이라는 새로운 인식론적 전망에서, 새로운 과학적 패러다임에서 접근하고 있는지는 분명하지 않다. 프랑수아 라스티에François Rastier는 이 세 유형의 작업이 근본적으로 문헌 연구에 바탕을 둔 것임에 착목하고 소쉬르를 문헌연구가로, 다시 말해 텍스트연구가로 재조명할 것을 제안하기도 했다. 유감스럽게도 이 세 연구는 모두 미완으로 끝났다. 소쉬르가 남긴 것은 상당한 분량의 조각난 텍스트뿐이다. 이 미완의 텍스트 조각들에서 찾아볼 수 있는 것은 소쉬르의 명쾌한 답변이라기보다 결코 끝을 맺지 못하는 집요한 물음이다. 파편화된 텍스트 주변에 어른거리는 소쉬르의 사유 이미지를 다시 한 번 더 붙들기 위해 이제 이 물음에 귀를 기울여 보자.

독일의 니벨룽겐 전설에 대한 연구에서 소년 소쉬르의 "잊힌 세기에 대한 사랑"은 잊힌 역사에 대한 열정으로 이어진다. 이 방대한 연구가 정확히 언제 이루어졌는지는 알 수 없지만 대략 1903년에 시작되어 1910년까지 계속 진행됐던 것으로 추정된다. 1903년 이전, 그러니까 1894년 소쉬르가 언어에 대한 민족지학적 관심을 드러냈던 시기까지 거슬러 올라가기도 하지만 엄청난 분량의 노트에서 날짜가 정확히 매겨져 있는 곳은 딱 한 군데뿐이다. "1910년 10월." 물론 이 방대한 연구가 이해, 이달에만 이루어진 것은 아니다. 하지만 일반언어학에 대한 세 차례의 강의 중 가장 중요한 3차 강의를 시작하면서도, 다시 말해 랑그와 파롤, 기호의 자의성, 시니피앙과 시니피에 등 '언어 일반'에 대한 문제를 제기할 때조차 소쉬르는 여전히 '개별 언어'의 "그림 같은" 풍광에 빠져 있었다. 『전설』의 텍스트를 연대기적으로나 논리적으로나 재구성하는 것은 거의 불가능에 가깝다. 소쉬르의 사유를 이끌고 있는 그의 물음에 초점을 맞추어 조각난 텍스트에 임의로 하나의 텍스트성을 부여해 보자.

소쉬르는 니벨룽겐의 전설이 "순수한 창작^{pure invention}"[57]에 불과한 것인지 아니면 "역사적 바탕^{fond historique}"[58]에 토대를 둔 것인지를 자문함으로써 장도에 오른다. 첫 번째 가설, 즉 전설이 순수한 창작물에 불과하다는 소위 상징주의자들^{symbolistes}의 가설은 곧바로 폐기된다. 소쉬르가 순수한 창작물로서 전설의 가능성을 부정한 것은 아니다. 오히려 소쉬르는 역사적 사건이 인구에 오르내리면서 하나의 전설이 되고 이 전설적 역사가 이야기꾼에 의해 계속 구전되면서 하나의 서사시로 변하게 되는 긴 진화 과정을 탐구한다. 그가 채택한 것은 두 번째 가설이다. 그는 다음과 같이 선언한다. "오직 역사만을 알고자 한다."[59] 그가 묻고자 한 것은 "전설이 매달려 있는 외적 고리"[60]에 대한 것이다. 사실 이 물음은 소쉬르의 『강의』에 친숙한 독자라면 놀라운 것이 아닐 수 없다. 당시의 상황을 재구성해 보자. 소쉬르 교수는 낮에 강의하면서 기호의 의미가 외부에 존재하는 대상, 곧 지시체에 의해 결정되는 것이 결코 아니라는 사실을 여러 차례 강조한다. 랑그 안에는 오직 차이만이 존재하는 것이다. 바꿔 말해 기호밖에는 아무것도 없다. "텍스트밖에는 아무것도 없다"라는 데리다의 테제는 이러한 기호의 자의성 테제를 텍스트에 그대로 적용한 것에 불과한 것이다. 강의가 끝나고 날이 저물자 소쉬르는 서둘러 귀가한다. 한밤중에 그는 니벨룽겐의 전설을 읽으며 아무런 거리낌도 없이 이 전설의 외적 고리, 다시 말해 전설 텍스트의 외부에 존재하는 역사적 지시체에 대한 물음을 제기한다. 지금 그의 푸른 눈은 호기심으로 가득 차 있다. 그는 이 지시체가 숨어 있는 은밀한 장소를 정신분석학적 뉘앙스가 가득 담긴 "원초적 장면scène originaire"[61]이라는 용어로 엿보고자 한다. 물론 그는 이 장면을 그대로 재연하는 것이 불가능하다는 사실을 너무도 잘 알고 있다. 원초적 장면에 직접 다가갈 수 없다면 우회하면 되지 않을까? 언어학자가 찾은 우회로는 파롤이다. 원초적 장면에 대해 그동안 '말해진 것', 다시 말해 전설 텍스트와의 비교를 통해 우회적으로, 사후적으로 이 '끔찍한' 장면을 재구성할 수 있지 않을까? 밤의 소쉬르가 설계한 이러한 신화론적 계획은 환자의 '파롤'을 통해 환자의 무의식 곧 원초적 장면scène primitive에 접근하고자 한 프로이트의 정신분석학적 기획과 무척 닮아 있지 않은가?

소쉬르가 제시한 전설에 대한 연구 계획서는 다음과 같다.

계획서

Ⅰ. 5-6세기 역사적 사건과 순수한 노르드(스칸디나비아) 전설

Ⅱ. 역사적 사건과 순수한 남부 독일 전설

Ⅲ. 이 세 자료에 대한 대조작업과 이후의 연구

Ⅳ. 니벨룽겐의 모험에 대한 논평으로서의 결론

Ⅴ. 프랑크족과 흉노족의 전설에 의한 혼동이라는 가설과 이와 관련해
서 언급할 수 있는 것.[62]

위의 계획서에 잘 드러나 있듯이 전설을 통해 우회적으로, 사후적
으로 역사적 사건을 재구성하고자 하는 신화론적 기획은 역사와 전설
의 관계가 일대일 대응관계로 환원되지 않음에 따라 더욱 복잡해진
다. 전설은 역사의 단순한 재현이 아니다. 푸코의 말대로 19세기에 비
로소 고전주의를 지배했던 재현적 사유가 종언을 고했다면 소쉬르는
지금까지 살펴본 변별적 환원이라는 그의 독특한 사유 논리에서 확인
할 수 있듯이 이 종언이 가져올 인식론적·존재론적 파장을 가장 깊이
있게 성찰한 사람 가운데 하나로 평가받을 수 있다. 역사와 전설의 대
응관계는 전적으로 다음의 사실, 즉 전설의 여러 판본이 존재한다는
사실에 결정적으로 의존한다. 이를 도식으로 제시하면 다음의 도식과
같다.

이 도식에 따르면 전설에 대한 연구는 크게 비교론적 차원과 진화론
적 차원으로 나뉜다. 비교론적 차원은 한편으로 역사와 전설 간의 비
교와, 다른 한편으로 전설의 여러 판본 사이의 비교로 구성된다. 진화

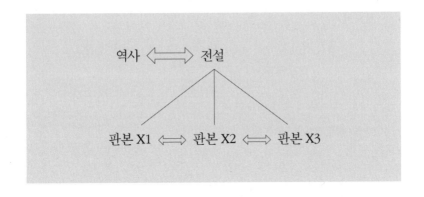

론적 차원에서는 이러한 판본들 사이에 존재하는 것으로 추정되는 계기적 관계가 설정된다. 이 관계는 다음의 물음을 가능하게 하는 조건이다. 전설의 여러 판본 가운데 어느 것이 더욱 오래된 것인가? 앞으로 살펴보겠지만 소쉬르는 자신의 독특한 미학적 판단에 기초해 이 질문에 대한 답변을 제시한다. 이 두 차원의 연구 방식이 예시하듯 소쉬르는 일반언어학에 대한 강의를 진행하면서도 역사비교언어학적 태도를 지속적으로 견지한다. 『전설에 대한 연구』가 사후에 기호론에 속한 것으로 간주될 수 있다면 이 연구의 기호론적 위상은 『일반언어학 강의』에서 제시된 랑그의 기호론적 위상과는 다른 것이다. 소쉬르는 『전설』에서 역사적인 실제 인물, 역사적 사건이나 사실 등이 상징적 인물, 전설적 상징, 상징적 도구 등으로 진화해 가는 통시적 과정을 추적한다. 다시 말해 일반언어학이 공시적 기호론을 표방한다면 소쉬르의 신화학은 통시적 기호론에 속한다고 할 수 있다. 공시기호론이 구조적이고 체계적이라면 통시기호론은 비교론적이면서 진화론적이다. 여기에 미학적인 차원을 추가하여 소쉬르의 물음을 재구성해 보자.

첫째, 비교론적 차원. 역사와 전설의 비교연구는 반드시 전설의 여러 판본 간의 비교연구를 통해 우회해야 한다. 비교연구는 공통점과 차이점을 찾아내는 작업으로 요약된다. 소쉬르는 전설의 여러 판본들 사이에 존재하는 공통점들을 '합류점convergence'이라고 부르고, 차이점들을 '방위기점points cardinaux'이라고 부른다. 합류점은 전설의 여러 판본들 사이에 공통으로 존재하는 불변적 요소들을 지칭한다. 니벨룽겐 전설의 이른바 서사적 불변소는 다음과 같은 것들이다. ① 지크프리트Siegfried는 지크문트Sigmund의 아들임. ② 지크프리트는 왕이 아님(니벨룽겐에서는 양위한 것으로 제시됨). ③ 지크프리트는 기사이고 큰 나라의 상속자임. ④ 브륀힐트Brühild는 가족이 없음. 혹은 특별한 가족이 없음. 등등. 방위기점, 곧 차이점은 다음과 같은 것들이다. 예를 들어 한 판본에 따르면 왕은 세 명의 아들과 한 명의 조카가 있는데 아들들의 이름은 '군터Gunther', '게노트Gênôt', '게젤허Giselher'이고 조카의 이름은 '하겐Hagen'이다. 다른 판본에서는 세 명의 아들이 '군터', '게노트', '하겐'으로 제시된다. 조카 하겐이 아들 게젤허의 자리를 대신 차지한 것이다. 소쉬르에 따르면 전설은 이러한 예들로 가득 차 있다. 전설에 대한 비교연구는 단순히 방위기점과 합류점을 분류하고 기술하는 것에 그치지 않는다. 소쉬르는 비교연구를 통해 한 걸음 더 나아가 여러 판본 사이에서 어느 판본이 가장 오래된 것인가를 묻는다. 이처럼 비교론적 차원의 물음은 자연스럽게 진화론적 차원의 물음과 연결되어 있다.

둘째, 진화론적 차원. 이 차원은 크게 전달transmission과 변형transformation 이라는 두 과정으로 이루어져 있다. 전달과정은 이야기꾼 자신이 전달 받은 이야기를 그대로 전달하는 과정이다. 여기서 '변형'은 일어나지 않는다. 물론 이야기꾼이 이야기하는 과정에서 "기억의 결핍", "망각" 등 심리적 요인이 작용하여 자신도 모르게 왕왕 이야기를 꾸며 내야 할 경우가 발생하기도 한다. 하지만 이는 전달의 자연스러운 과정에 포함된 것일 뿐이다. 소쉬르는 기억의 결핍을 메우기 위해 이야기꾼이 불가피하게 꾸며 낸 이러한 임기응변을 "상징적 창조"[63]로 부른다. 상 징적 창조는 전적으로 비의도적인 것으로 간주된다. 이러한 무의식적 행위와 달리 소쉬르가 "상징적 해석"[64]이라고 부른 행위는 의도적이고 의식적이다. 상징적 해석이 개입함에 따라 이야기꾼의 이야기는 말하 자면 장르적인 변형을 겪게 된다. 전설은 역사적 사실을 증언하는 일 종의 연대기로 존재하다가 점차 하나의 문학 작품으로, 하나의 서사시 로 거듭나게 된다. 이는 이를테면 역사적 인물이 상징적 인물로 변하 는 상징화의 과정과 다르지 않다. 이처럼 전설의 진화는 상징화의 과 정으로 요약될 수 있다. 즉, 비상징적 것에서 준상징적인 것으로, 준상 징적인 것에서 상징적인 것으로 진화가 이루어지는 것이다.

처음에 서사적 이야기는 단순히 몇몇 삽화로부터 추출된, '순진하게' 기 억들을 오직 재생산하는 것만이 목적인 운문으로 된 연대기로 존재했다. 그것이 가장 초보적인 의미에서 문학 작품의 형태를 취하게 된 것은 훨씬 나중의 일이다.[65]

처음에 이야기꾼이 전달하고자 하는 이야기는 운문으로 된 연대기에 불과한 것이었다. 이 이야기를 X1이라고 부르자. 다음 단계는 이 판본이 계속 이야기되는 것이다. 이처럼 이야기는 한 세대에서 다음 세대로 이어지는 이른바 전달의 과정에 종속된다. 이때 필연적으로 "상징적 창조"가 뒤따른다. 상징적 창조는 이를테면 X1이 X2가 되고, X2가 X3가 되는 일련의 과정이다. 이러한 과정이 되풀이되는 가운데 마침내 본질적인 변형이 발생한다. 여기서 본질적이란 다른 말로 장르적임을 가리킨다. 전설이 지속적으로 전달되는 과정 중에 어느 시점에 이르러 장르적인 변형이 이루어진다. 도식적으로 표현하자면 이러한 변형은 X가 Y가 되는 과정이다. 이때 개입하는 것이 "상징적 해석"이다. 상징적 창조가 기억의 결핍을 메우기 위한 궁여지책으로 이야기꾼이 부지불식간에 고안해 낸 것이라고 한다면 상징적 해석은 이야기꾼의 적극적이고 의도적인 개입과 더불어 발생하는 것이다. 이러한 해석을 통해 이야기꾼은 이야기가 아니라 자기 자신을 작가로서 드러낸다. 전정한 의미에서의 창작은 상징적 해석 과정에서 이루어지는 것이다. 이처럼 전달과 변형의 과정을 거쳐 역사적 사건을 증언하는 "운문 연대기"가 "순수한 상징학symbolique pure",[66] "순수한 신화론mythologie pure",[67] 하나의 문학 작품으로 변형된다.

셋째, 미학적 차원. 소쉬르는 전설의 여러 판본에 대한 비교론적이고 진화론적인 연구, 다시 말해 역사비교연구를 통해 궁극적으로 전설의 외적 고리를 찾고자 한다. 이는 다음의 질문을 제기하는 것과 다른 것이 아니다. 전설의 여러 판본 가운데 어느 것이 가장 오래된 것인가? 어느 판본이 역사적 사실에 가장 가까운 진실을 담고 있는가? 이 질문에 대한 소쉬르의 답변은 역사적이라기보다는 미학적이다. 먼저 다음의 사실을 유념하도록 하자. 소쉬르가 재구성하고자 하는 역사는 실제적 역사가 아니다. 그는 '실제적 역사hisotire réelle'와 '전설적 역사histoire légendaire'를 구분한다.

> 그러나 다른 곳에서와 마찬가지로 여기서도 우리는 너무 가까이서 실제적 역사를 바라보지 않아야 하며 오히려 서사시의 가장 직접적인 토대로서 전설적 역사를 살펴보아야 한다.[68]

위의 인용문에 잘 드러나 있듯이 소쉬르가 서사시의 직접적인 토대로 고려한 것은 '실제적 역사'가 아니라 '전설적 역사'다. 그렇다면 전설적 역사란 도대체 무엇인가? 우선 역사와 전설의 관계가 진실과 허구의 관계에 상응하는 것이 아님을 지적하자. 소쉬르는 "진실과 허구의 대립처럼 역사와 전설의 대립으로부터 귀결되는 수많은 오해"에 대해 경계한다. 그에 따르면 "우리가 이 전설이 역사적이라고 말할 때 이는 단지 사실에 대한 당대의 통속적 판본에서 도출된 것임을 뜻하는 것이지 이러한 통속적 반영과 무관한 어떤 원천으로부터 도출된 것임을 뜻하는 것은 아니다"[69]라고 한다. 실제적 역사는 순수한 사건의 질서에 속할 것이다. 이 질서에 직접 접근하는 길은 사건에 참여한 당사자가 아니라면 사실상, 그리고 원칙상 막혀 있을 수밖에 없다. 역사적 사실에 다가가기 위해서는 이 사실이 반영된 통속적 판본을 통해 우회해야 하며 다른 길은 존재하지 않는다. 전설적 역사는 통속적 판본으로 존재하는 것이다. 말하자면 태초에 '사건'이 아니라 '이야기' 가 있었다.

어느 곳이건 존재하는 것을 결정하는 것이 아니라 그것이 존재한다는 가정 하에서 모든 자료를 양립하게 하는 것을 결정하는 것이 중요하다. 하나의 우연한 일치는 천문학자뿐만 아니라 신화학자나 역사학자를 착각하게 만들 수 있다. 그럼에도 불구하고 그러한 일치를 의심할 때조차 천문학자도 신화학자도 역사학자도 자신에게 [ ] 주어진 것을 〈무턱대고〉 지나쳐 버릴 권한은 존재하지 않는다. 바로 거기에 〈그들의〉 수단이 아니라 〈그들의〉 궁극적 대상이 존재하는 것이다.[70]

실제적 역사는 칸트의 물자체처럼 그것 없이는 아무런 역사적 인식도 불가능한 하나의 전제로서 요청되는 것일 뿐이다. 다시 말해 소쉬르의 신화학에서 역사는 존재하는 것이 아니라 존재하는 것으로 추정되는 것일 뿐이다. 칸트에게 인식론적 대상이 물자체가 아니라 지각된 사실, 곧 현상이듯 소쉬르에게 신화학적 대상은 실제적 역사가 아니라 하나의 자료로서, 역사적 사실에 대한 당대의 통속적 판본이다. 소쉬르의 신화학에서 중요한 것은 순수한 사실로서의 역사적 사건 자체가 아니라 이 사건에 대한 통속적인 스토리텔링이다. 전달과 변형이라는 이중의 과정으로 이루어진 전설의 진화 과정은 다음의 도식으로 설명될 수 있다.

판본 X1 ⟺ 판본 X2 ⟺ 판본 X3 ⟺ 판본 X4 ⋯ Xn ⋯ 판본 Y

앞의 도식과는 달리 위의 도식에서는 진실과 허구에 바탕을 둔 역사와 전설의 본질적인 차이가 사라지고 전달과 변형이라는 이중의 과정으로 전개된 이른바 상징화symbolisation가 결정적인 차이를 초래하는 것으로 제시되어 있다. 이는 전설에 대한 소쉬르의 연구가 중요한 국면 전환에 직면했음을 뜻하는 것이다. 전설적 역사는 통속적 판본에 지나지 않는다. 다르게 말해 X1과 X2의 본질적인 차이는 존재하지 않는다. 오히려 본질적인 차이, 즉 장르상의 변화를 일으키는 차이는 X와 Y 사이에서 발생한다. 이제 곧 살펴보겠지만 바로 이 차이 덕분에 전설의 여러 판본 사이에서 이른바 역사적 환원이 가능하게 된다.

역사적 사건은 서술 행위 속에, 다시 말해 스토리텔링 속에 존재하기 때문에 시화詩化, poétisation의 지속적 과정에 노출될 수밖에 없다. 이처럼 역사적 시간은 근본적으로 미학적 시간과 섞여 있을 수밖에 없으며 시간이 흐를수록 미학적 시간이 역사적 시간을 압도하게 된다. 이 두 시간성을 구분하는 기준이 곧 미학적 판단이다. 소쉬르에 따르면 역사적 시간은 잔혹할 수밖에 없다. 미학적 시간은 이러한 잔혹함을 시화하는 경향이 있다. 말하자면 미학적 시간은 역사적 시간을 아름답게 포장한다. 이는 다음과 같은 결론을 함축하는 것이다. 즉, 전설의 여러 판본 사이의 계기적 관계를 규정하는 것은 진실과 허구가 아니라 잔혹함과 아름다움이라는 미학적 판단이다. 바로 이러한 미학적 판단이 변별성을 보장하는 것이고 이러한 보장이 지속적으로 가능하다는 조건하에서 전설의 여러 판본 사이에서 일종의 환원이, 다시 말해 좀 더 오래된 판본이라는, 따라서 역사적 사실에 더욱 근접한다는 이른바 역사적 환원이 이루어지는 것이다. 이러한 소쉬르의 신화학적 사유의 논리를 지배하는 것은 변별적 환원이다. 예를 하나 들어 보자. 니벨룽겐의 전설에서 핵심 사항에 해당하는 지크프리트의 죽음에 관한 이야기다.

전설의 여러 판본마다 지크프리트의 죽음에 대한 묘사는 다르게 나타나 있다. 한 판본에서는 사냥하다가 죽는 것으로 다른 판본에서는 침대에서 죽음을 맞이하는 것으로 묘사되어 있다. 소쉬르가 제기한 질문은 다음과 같은 것이다. 이 두 판본 가운데 어느 판본이 더 오래된 것인가? 이 질문에 대한 소쉬르의 답변은 단호하다. 즉, 후자가 더욱 오래된 것이다.

바로 〈후자의 판본〉이 더욱 오래된 것으로 간주되어야 한다. 왜냐하면 서사적 사건에 대해 이 정도로까지 탈시화(면밀한 검토)를 생각할 수는 없기 때문이다. 이처럼 전설에 대한 연구는 지크프리트가 아마도 그의 침대에서 죽었음을 말해 준다. 북부독일의 전설Piðreksaga에서 언급되듯 사냥에서 돌아온 이후에 발생한 것일 수 있지만 이러한 정황이 중요한 것은 아니다.[71]

소쉬르는 위의 인용문에서 '탈脫시적인 것'과 '시적인 것'을 구분한다. 바로 이 구분이 역사적 환원을 가능하게 하는 이른바 변별성의 조건을 구성하는 것이다. 앞서 지적했듯이 역사와 전설의 구분은 전설적 역사라는 개념으로 흐릿해지고 전설과 서사시의 구분이 더욱 뚜렷해진다. 다시 말해 판본 X1(통속본)과 판본 X2의 차이는 모호해지고 대신 판본 X와 Y의 차이가 결정적인 것으로 작용한다. 이러한 미학적 변별성의 조건을 사항 방정식으로 정식화하면 다음과 같다.

> 탈시적인 것 : 시적인 것 ∷ 더 오래된 것 : 덜 오래된 것

이 정식은 다음과 같이 읽힌다. 탈시적인 것과 시적인 것의 관계는 더 오래된 것과 덜 오래된 것의 관계에 상응한다. 이 논리에 따라 지크프리트의 죽음에 대한 판본들을 대조하면 어느 판본이 더 오래된 것인지가 분명하게 드러난다. 지크프리트가 사냥 중에 맑은 샘물에서 목을 축이다가 죽임을 당한 것으로 묘사된 판본은 "시적 아우라"[72]가 물씬 풍긴다. 따라서 침대에서 죽임을 당한 것으로 제시된 판본보다 덜 오래된 것이다. "원초적 장면"은 시적이라기보다는 끔찍한 것이어야 한다. "가장 끔찍한 것이 가장 오래된 것이다"[73]라고 소쉬르는 역설한다. 이러한 판단이 역사적인 것이 아니라 미학적인 것임을 다시 한 번 더 강조하자. 이를 바탕으로 소쉬르는 "원초적 장면"에 가까이 다가간다. 지크프리트는 침대에서 자기 아버지 지크문트에 의해 살해당한 것이다. 주지하다시피 지크프리트에 상응하는 역사적 인물은 지

케릭Sigéric이고 지크문트에 상응하는 역사적 인물은 지키스몬트Sigismond 다. 전설의 외적 고리는 다음과 같은 추론으로 재구된다. 지케릭은 그의 계모의 사주로 자신의 아버지 지키스몬트에 의해 침대에서 살해당한 것이 틀림없다. 언어들 간의 비교를 통해 인도유럽어 조어를 재구하듯 소쉬르는 전설의 여러 판본 간의 비교를 통해 역사적 사건을 '서사 논리적'으로 재구한 것이다.

문제는 이러한 명백한 경우를 제외한다면 과연 어느 장면이 더 끔찍하고 덜 끔찍한지, 어느 장면이 더 시적이고 덜 시적인지를 미학적으로 판단하는 것이 항상 명백한 것이 아니라는 데 있다. '탈시적/시적'이라는 변별성이 지속적으로 그리고 안정적으로 담보될 수 없다면 역사적 환원은 이루어지지 않게 되고 전설의 여러 판본은 결국 무한한 차이화의 과정에 종속될 수밖에 없을 것이다. 소쉬르가 전설에 대한 연구를 끝맺지 못한 이유는 어디에 있을까? 광활한 차이의 우주 앞에서 그는 다시 길을 잃고 헤매고 있는 것이 아닐까? 오래전에 그랬던 것처럼 ….

/

12장
밤의 소쉬르

/

소쉬르는 소년 시절 이미 상당한 수준에 도달한 시를 여러 편 썼고 꾸준하게 시를 읽었으며 제네바 대학에서는 프랑스 작시법에 대한 강의를 진행했고 비의적 전통에 속한 것으로 보이는 아나그람 연구에 몰두하기도 했다. 천재 언어학자는 '시인'이었지만 시를 대하는 그의 태도는 항상 엄격했고, 다르게 말하자면 언어학적이었다. 예를 들어 그는 시작 행위를 "이중의 셈법double comptage"으로 정의한다. 『프랑스 작시법 강의*Cours de versification française*』에 등장하는 운율학métrique, 다시 말해 작시법의 정의는 다음과 같다.

부분적으로 작시법métrique은 이중의 셈법이다. 작시법의 명료성은 다음의 진리가 관찰되는 그 결과에 전적으로 의존한다. 한편으로 실현되어야 할 작시법 도식schéma métrique이 존재한다. 이 도식은 추상적인 것이다. 다른 한편으로 이 도식 안에 들어갈 준비가 어느 정도 갖추어진 구체적인 단어들이 존재한다. 시와의 관련성 속에서 단어들이 어느 위치를 차지하게 될 것인지를 처음부터 인식하는 것이 중요하다. 왜냐하면 이러한 질문이 제기되지 않는다면 단어들을 어떤 방식으로 배치하든 항상 작시법 도식에 빠져들게 되는데 이는 시를 짓는 어려움도 흥미도 없음을 방증하는 것이나 다름없기 때문이다.[74)]

시 텍스트는 이중으로 짜여 있다. 한편으로 실현되어야 할 추상적인 도식이 존재하고 다른 한편으로 구체적인 단어들이 존재한다. 시를 짓는다는 것은 이러한 추상적인 도식을 단어들로 채움으로써 구체적으로 실현하는 것과 다른 것이 아니다. 소쉬르에 따르면 이는 단어들을 기계적으로, 형식적으로, 도식적으로 배치하는 것이 아니라 "시와의 관련성" 속에서 도식에 따라 배치하는 것이다. 여기서 "시와의 관련성"은 그것이 주제적인 것이든 소재적인 것이든 구체적인 실현 행위에 수반되는 시적 지향을 뜻한다. 소쉬르는 위에서 이러한 작시법을 "이중의 셈법"으로 규정한다. "시와의 관련성"이라는 단서 조항은 "셈하기"라는 의식적 활동을 수행하는 누군가의 주체성을 함축한다. 이러한 시적 지향의 주체가 확보되지 않은 시작 행위는 "아무런 어려움도 흥미도" 없는 것에 불과하다. 이 주체성은 시인의 전유물인가? 시를 읽는 독자의 자유로운 해석을 떠받치는 기체인가? 아니면 시 텍스트 자체에서 비롯된 효과에 불과한 것인가?『아나그람에 대한 연구』에서 소쉬르가 부딪힌 문제가 바로 이것이다.

1906년 여름, 소쉬르는 이번엔 니벨룽겐의 전설 대신 사투르누스의 시집을 펼쳐 든다. 작시법 강의에서 밝혔듯이 시는 셈법에 기초를 두고 있다. 두운법은 일반적으로 초성이 되풀이되는 것을 가리킨다. 사투르누스의 시에서도 여느 시에서와 마찬가지로 두운법이 관찰된다. 이는 놀라운 일이 아니다. 소쉬르는 자음과 모음의 수를 세는 가운데 우연히 두운법이 초성에만 해당되는 것이 아님을 발견하고 전율한다. 주의를 집중하고 다시 시를 읽자 이번에는 텍스트 전반에 걸쳐 산종된 자음과 모음이 하나로 모여들어 모종의 이미지를 떠올리는 것이 아닌가? 이 이미지는 하나의 이름을 지속적으로 환기하는 듯하다. 누구의 이름일까? 소쉬르는 다시 한 번 전율한다. 다름 아닌 신의 이름이지 않은가? 아직 세상에 알려지지 않은 모종의 비의적 전통에 속한 작시법이 존재하는 것이 틀림없다. 소쉬르는 되묻는다. 이 전통에 다가가 그 비밀을 파헤칠 수 있을까? 소쉬르의 『아나그람에 대한 연구』는 이렇게 탄생했다.

소쉬르는 시를 대할 때 운율 구조나 시어의 의미를 천착하지 않는다. 그의 독해 방식은 감상적이라기보다 분석적이다. 시를 구성하는 단어들은 모두 모음으로, 자음으로, 한마디로 음소로 분해된다. 소쉬르가 글자수수께끼를 뜻하는 '아나그람'이라는 용어 대신 음성수수께끼를 뜻하는 '아나포니anaphonie'라는 용어에 애착을 보인 이유는 여기에 있다. 예를 들어 Ad mea templa portato라는 시구는 우선 {a, d, m, e, a, t, e, m, p, l, a, p, o, r, t, a, t, o}라는 음소들의 계열로 '읽힌다.' 여기에 이중의 셈법을 적용해 보자. 일차적 셈하기. 이 계열에서 a는 4번, d는 1번, m은 2번, e는 2번, t는 3번, p는 2번, l은 1번, o는 2번, r은 1번 출현한다. 짝수로 출현한 음소가 모두 5개이고 홀수로 출현한 음소는 모두 4개다. 하지만 짝수의 출현 횟수는 총 12회이고 홀수의 출현 횟수는 총 6회에 불과하다. 짝수가 두 배 이상으로 많은 것이다. 주지하다시피 시 텍스트는 일정한 리듬을 따른다. 소쉬르는 이 자명한 사실에 하나의 법칙을 부여하고자 한다. 이러한 음소의 계열은 이후 하나의 이미지로 수렴된다. 비의적 전통에 따라 은밀하게 시 텍스트 안에 숨겨진 또 다른 텍스트 곧 하나의 이름, 하나의 주제어가 드러난다. 이것이 이차적 셈하기다. 음소들의 계열은 주제어를 구성하는 음소들로 다시 '읽힌다.' 위의 시구에서 소쉬르는 마침내 Apollo라는 신의 이름을 찾아낸다. Ad의 A, templa의 PL, portato의 O가 그것이다. 이를 그대로 옮기면 APLOO가 된다. 소쉬르는 이를 APOLO로 다시 쓴다. Apollo에서는 l이 두 개라는 사실이 하등의 문제가 되지 않는다. 이처럼 시를 쓰고 읽는다는 것은 운율적이고 주제적인 이른바 이중의 셈하기에 지나지 않는다. 이는 시인이 의도한 것이 분명하다. 셈한다는 것은 항상 "시와의 관련성 속에서", 다시 말해 의도적으로, 의식적으로, 주제적으로 셈한다는 것이기 때문이다.

소쉬르의 『강의』에 친숙한 독자라면 이러한 셈법은 놀라운 일이 아닐 수 없다. 다시 한 번 당시의 상황을 재구성해 보자. 낮에 소쉬르 교수는 언어기호에 대한 강의를 진행하면서 시니피앙이 시간적 차원에서 전개되며, 따라서 선적 순서를 따른다고 역설한다. 예를 들어 TAE

라는 소리 연속체가 있다고 하자. 여기서 관건은 선적 순서다. 이 순서에 따라 TA-AE라고 분석하는 것은 가능해도 TA-TE라고 분석하는 것은 불가능하다. 왜냐하면 언어기호를 구성하는 시니피앙은 시간적 차원에서 선적 순서에 따라 전개되기 때문이다. 제네바 대학 교수는 이 원리를 시니피앙의 선적 특성이라고 명명하고 이를 자의성의 원리와 함께 언어 기호를 지배하는 핵심 원리로 제시한다. 강의를 마치고 날이 저물자 소쉬르는 서둘러 귀가한다. 니벨룽겐의 전설 대신 시집을 먼저 꺼내 든 그는 아무런 거리낌 없이 Aploo라는 '시니피앙'을 Apollo로 고쳐 쓴다. 그뿐만 아니라 〈Apollo〉라는 시니피에가 〈Ad mea templa portato〉라는 음성 연속체에 산종되어 있다는 사실도 하등의 문제가 되지 않는다. 시니피앙과 시니피에가 분리 불가능함에도 말이다. 시 텍스트에서는 언어기호를 지배하는 자의성과 선조성이라는 두 원리가 아무런 힘을 행사하지 못하고 있다. 지금 소쉬르는 로고스logos, 언어가 아니라 포에시스poesis, 시의 세계에 빠져 있다. 그는 고대의 시작법을 지배한 아나그람의 발견에 환호성을 지른다. 환호성이 한숨으로 변하기까지는 3년이 채 안 걸릴 것이다.

『전설에 대한 연구』에 버금가는 상당한 분량으로 채워진 소쉬르의 『아나그람에 대한 연구』는 1906년에 시작되어 1909년까지 대략 3년 동안 진행된 것으로 추정된다. 제네바 문예비평가 스타로빈스키Jean Starobinski가 1960년대 세상에 이 연구의 핵심 쟁점을 소개함으로써『강의』의 소쉬르, 곧 '구조주의자' 소쉬르와는 상반된 또 다른 소쉬르의 이미지가 구축되기 시작했다. 두 명의 소쉬르, 밤의 소쉬르, 소쉬르의 광기 등이 그러한 이미지를 기술하는 용어들이다. 스타로빈스키가 "말 속의 말les mots sous les mots"이라고 정식화한 소쉬르의 아나그람은 "무의식은 언어와 같이 구조화되어 있다"라는 라캉의 테제와 때마침 절묘하게 공명함으로써 마치 정신분석학적 테제를 입증하는 결정적인 증거인 양 당시 열광적으로 수용됐다. 오늘날 다시 이러한 열정을 공유하기는 어려울 것이다. 어쩌면 밤의 소쉬르라는 이미지는 20세기 구조주의가 스스로 억압했던 자기 자신의 무의식이 투영된 것인지도 모른다. 1980년대 구조주의가 저물기 시작하자 이러한 열정도 수그러들기 시작했다. 아나그람에 대한 소쉬르의 열정은 3년 동안 반짝 불타오른 것에 불과하지만 그의 지적 전기에 비추어 볼 때 이 열정은 상당히 일관성 있는, 그리고 무엇보다 오래된 것이었다. 『전설에 대한 연구』에서 잊힌 세기에 대한 사랑이 전설의 역사적 기원에 대한 집요한 물음으로 이어졌다면 『아나그람에 대한 연구』에서는 감추어진 이름에 대한 열정의 불꽃으로 타올랐다고 할까. 소쉬르의 아나그람 연구는 크게 두 단계로 나뉘어 전개된다. 하나는 두음법적인 것이고, 다른 하나는 주제적인 것이다. 전자가 순수하게 음성학적이라면 후자는 의미론적이다. 이제 좀 더 자세히 소쉬르의 논의를 재구성해 보자.

첫째, 두운법적 셈하기. 아나그람 연구의 발단이 된 것은 고대 시작법 중의 하나인 두음법의 재발견이다. 소쉬르는 사투르누스의 시를 읽으면서 우연히 초성뿐만이 아니라 놀랍게도 모든 소리가, 다시 말해 모든 자음과 모음이 쌍을 이루어 나타난다는 예감에 사로잡힌다. 그의 사유는 곧바로 사물의 본질로 치닫는다. 1906년 7월 14일 메이에에게 보낸 편지에서 소쉬르는 다음과 같이 쓰고 있다.

사투르누스의 시에서 하나의 모음은 시의 어느 부분에서든 상관없이 자
신의 대응모음contre-voyelle이 존재할 경우에 한해 출현할 수 있는 권리를 지
닙니다. 자음의 법칙. 결코 덜 엄격하다고 할 수 없는 이 법칙도 마찬가지
입니다. 어느 자음이든 항상 쌍으로 존재합니다.[75]

사투르누스 시를 구성하는 모든 소리는 모음이든 자음이든 쌍을 이
루며 등장한다. 다시 말해 반드시 두 번 반복되는 것이다. 소쉬르는
이를 쌍의 원리principe de couplaison라고 명명한다. 이 원리는 초성에만 적용
되던 두음법을 모든 음에 확대 적용한 것이다. 예를 들어 다음의 시구
를 살펴보자.

Subigit omne Loucanam opsidesque abdoucit[76]

위의 시구는 이른바 두음법의 '일반화'를 잘 보여 준다.

2번의 ouc
2번의 d
2번의 it
2번의 i
2번의 a

2번의 o

2번의 n

2번의 m

　예상되는 반론은 다음과 같다. 위 시구에서 쌍을 이루지 못한 음소가 하나 존재한다. opsides의 p가 그것이다. 쌍의 원리가 위배된 것일까? 이러한 반증례에 맞서 소쉬르는 보충성의 원리principe de compensation를 정식화한다. 이 원리에 따르면 이러한 결손은 시인이 의도한 것으로 전적으로 시인의 통제 하에 놓여 있는 것이다. 앞서 지적했듯이 모든 셈하기는 셈하기의 주체를 상정한다. 이 시적 주체는 홀수로 등장한 p를 다음 시구에서 의식적으로, 의도적으로 보충하고자 할 것이다. 예를 들어 p는 다음 행에 등장하는 cepit의 p와 쌍을 이루어 나타난다. 소쉬르는 사투르누스 시를 읽으며 이 두 원리를 엄격하게 적용하려고 했고 얼마 지나지 않아 곧바로 난관에 부딪혔다. 어렵지 않게 예상할 수 있듯이 보충성의 원리를 요구하는 음소들이 점점 더 늘어났다. 소쉬르의 문헌학자 피터 분데를리Peter Wunderli는 소쉬르가 부딪힌 이러한 난관을 그의 비타협적인 태도에서 비롯된 것으로 간주하고 이를 통계학적으로 해명하려고 시도한다. 그에 따르면 비록 쌍의 원리가 글자 그대로 엄격하게 적용되는 것은 아니라 하더라도 통계상 이 원리의 존재 자체를 완전히 부인하기는 어렵다는 것이다. 쌍의 원리는 앞서 간략하게 언급했듯이 모든 시 텍스트에 내재하는 리듬의 존재를 하나의 법칙으로 포착하고자 한 것에 불과하다.

『강의』에 등장하는 선조성의 원리는 'ab'라는 정식으로 표현될 수 있다. 이 정식은 〈a 다음에 b〉로 읽힌다. 반면에 소쉬르가 쌍의 원리로 제시한 것은 시니피앙의 '선적' 특성이 아니라 '리듬적' 특성과 관련된 것이다. 이 원리는 〈a 그리고 a〉로 읽힌다. 이는 'aa'라는 정식으로 표현될 수 있을 것이다. 선적 특성을 드러내는 시니피앙과 리듬적 특성을 보이는 시니피앙 모두 동일한 시니피앙이지만 이 동일한 시니피앙을 바라보는 관점은 분명히 다르다. 『강의』의 표현을 그대로 빌리자면 '관점'이 전혀 다른 대상을 만들어 낸 것이다. 소쉬르는 두운법이 일반화된 시적 리듬을 고대의 시 텍스트에서 재확인하는 것에 만족하지 않았다. 그는 음성학적 질서로부터 의미론적 질서로 나아갔고 이중의 셈하기에서 시적 지향을 찾고자 했다.

둘째, 주제적 셈하기. 상술한 두운법적 셈하기는 주제적 셈하기로 이어진다. 스타로빈스키의 『말 속의 말 *Les mots sous les mots*』에 등장하는 다소 긴 다음의 문구를 인용해 보자.

호메로스의 시가 아나그람이나 아나포니와 같은 것을 인지하고 있음을 상상하기 위해 우선 어떤 근거가 존재하는가?

나의 경우 이는 라틴어 사투르누스 시에서 출발했던 일체의 연구와 관련된 것이다. 이 시의 작시법이 제기하는 문제 외에도 나는 나머지 모든 사투르누스 시 속에서 음성법칙의 흔적을 발견했다고 확신했다. 즉, 사람들이 오래전부터 그 특징 중 하나로 간주했던 두운법이 하나의 특이한 사례에, 부연하자면 가장 무의미한 사례 중 하나에 불과하다는 것이다.

나의 결론에 따르면 두운법은 초성의 강화와 연결된 것이 아니다. 이는 사투르누스 운율을 평가할 때, 또는 리듬적 혹은 작시적 해석 사이에서 결정을 내릴 때 항상 커다란 걸림돌이었다. 초성적 두운법은 특별한 중요성을 지니고 있는 것이 아니다. 모든 음절이 되풀이되고 반복되고 있으며 일종의 음성적 조화 속에서 포착되는 것을 보지 못한다면 그것이 잘못이다.

음성적 조화의 형식이 변화를 겪는다는 것에, 다시 말해 (하나의 단어를, 하나의 고유명사를 향해 움직이는 형태로서) 아나그람과 아나포니로부터 시작해서 어느 한 단어를 모방하지 않고 자유롭게 이루어지는 단순한 조응에 이르기까지 변화를 겪는다는 것에 어려움이 존재한다.

여기서 사투르누스의 시에 대한 이론을 제시할 의도가 전혀 없기 때문에 이러한 유형에 속한 다음의 예를 인용하도록 하자.

Taurasia Cisauna Samnio cēpt

이것은 아나그람 시다. 이 시 안에는 Scīpio라는 이름이 온전히 포함되어 있다. (cī+pĭ+iŏ라는 음절 속에서, 게다가 Scīpio라는 단어가 거의 모두 등장하는 Samnio cēpt의 초성 S 속에서 말이다. -cēpi-는 Cisauna의 -cī-에 의해 교정된다.)

Mors perfēcit tua ut essēnt

이것은 유사 아나포니다. 즉, 아래의 이름을 구성하는 모음들에서 모델을 취하고 있다.

Cŏrnēlĭŭs

위의 이름을 구성하는 모음들이 앞의 아나포니에서 다음의 순서로 제시
되어 있다.

ŏ-ē-ĭ-ŭ

다만 pĕrf의 단음 ĕ이 사이에 끼어 있을 뿐이다. 이러한 결함은 최소한 e
의 음색에 의해 해결되지는 않는다.
ŏ-ē-ĭ-ŭ 다음에 a의 개입과 함께 ŭt essēnt가 등장하는데 이것 또한 아
나포니를 이루고 있다. (a는 개입의 기호이거나 혹은 Cŏrnēlĭä를 환기한다.)[77]

소쉬르는 쌍을 이루며 출현하는 음소들의 수를 셈하다가 이들이 하
나의 이미지, 하나의 이름, 하나의 주제어로 수렴되는 독특한 독서 경
험에 빠져든다. 보충성의 원리에 따라 음소의 수가 시인에 의해 계산
되는 것과 마찬가지로 분명 시인이 의도적으로 자신의 시 텍스트 속
에 또 다른 텍스트를 감추고 있음에 틀림없다는 확신이 든 것이다. 예
를 들어 소쉬르는 시인의 작업을 다음과 같이 재구성한다. 한 시인
이 'Hercolei'라는 고유명사로 아나그람을 만들려고 한다고 하자. 시인
의 작업은 다음과 같이 전개될 것이다. 먼저 시인은 이 이름을 구성

하는 음소들을 이중음으로, 다시 말해 두 개의 음소로 분해할 것이다. 'Hercolei'는 예를 들어 -lei-, -co-, -rc- -cl-, -ol-, -er-, 등으로 분해된다. 이어서 시인은 이러한 음성 조각들을 시 텍스트에 산종한 다. 이를테면 -lei-라는 조각을 af*le icta*에 감추는 방식이 그것이다. 모음과 자음을 단순하게 셈하던 작업은 이제 이중음diphone 혹은 삼중음 triphone이 만들어 내는 이미지에 방적이 찍히게 된다.

소쉬르는 시 텍스트 속에서 이러한 이미지가 집중된 장소를 세 유형으로 나눈다. 주제적 장소locus princeps, 바구니mannequin, 마네킹, 다형가상 paramorphe, 多形假像이 그것이다. 주제적 장소는 시 텍스트에서 특정 이름에 할애된 지점을 총칭한다. 다시 말해 바구니나 다형가상도 모두 주제적 장소에 해당하는 것이다. 아나그람을 구성하는 음성조각들이 이곳에 조밀하게 감추어져 있다는 것이 소쉬르의 가설이다. 이를테면 주제적 장소는 이 조각들의 경계를 어림잡아 한정할 수 있는 권역이다. 흥미롭게도 소쉬르는 '델포이Delphes'라는 지명이 시 텍스트 속에 감추어져 있다면 그곳은 예물을 바치거나 아폴론이 등장하는 부분일 것이라고 가정한다.[78] 이러한 자연스러운 가정에 따라 주제적 장소가 결정되는 것이다. 바구니는 주제적 장소 가운데 하나로 특히 주제어의 초성과 종성으로 그 경계가 확정된 시구를 가리키는 전문용어다. 아프로디테Afrodité라는 이름이 감추어진 시가 있다고 하자. 이 시에서 이 이름의 초성 A와 종성 E가 들어 있는 예를 들어 [Aëriae prīmum vŏlucrēs tĒ]이 소쉬르가 구상한 바구니다. 프랑스어 'mannequin'을 바구니로 번역한 이유는 그곳에 주제어를 구성하는 음절들이 마치 바구니에 담

기듯 담겨 있기 때문이다. 다형가상이라는 장소는 바구니 중의 하나로 여기에는 주제어의 초성과 종성뿐만 아니라 주제어를 구성하는 대부분의 음성조각이 감추어져 있다. 예를 들어 Apollo의 이름이 감추어져 있는 [Ad mea tem*pla* portatO]가 그것이다. 소쉬르는 먼저 바구니를 찾아내고 그 주변의 시구에서 주제어를 구성하는 음절들을 재구성하는 방식으로 아나그람을 천착한다. 예를 들어 베르길리우스의 시를 살펴보자. (설명의 편의상 해당 시구에 일련번호를 추가했음을 밝힌다.)

Nam simul ac species patefactast uerna diei ⑤,

et reserata uiget gemitabilis ⑦ aura fauoni ②

aeriae primum uolucres te ①, diua, tuumque ④

significant initum ⑥ perculsae corda tua ui ③ [79)]

이제 노년이 된 소년 베르길리우스는 위의 시에서 아프로디테[Afroditē]라는 아나그람을 발견한다. 미美의 여신의 이름은 다음과 같이 해부된다. Ă-, AF-, -FR-, -RŎD-, -DĪ-, -IT-, -TĒ 등. 위의 시에서 바구니는 세 번째 행에 등장하는 [Aeriae primum uolucres tE] ①이다. 소쉬르는 바구니를 중심으로 위의 시에 산종되어 있는 아프로디테의 음절 조각들을 하나하나 세밀하게 분석하고 상세한 설명을 덧붙인다. 아래의 인용문에서 문헌학자 소쉬르를 만나볼 수 있을 것이다. 소쉬르의 연구는 넓은 의미에서 그리고 좁은 의미에서 언제나 문헌학적이었다.

바구니 [Aeriae primum uolucres tE] ①

Ā-: 바구니의 초성.

AF-: ⟨aurĂ Fauōnī⟩②. 이 시구는 한편으로 초성 모음의 위치를 환기하는 aura의 초성 a에 의해, 다른 한편으로 ŏdi를 환기하는 ōnī에 의해 강조되어 있다.

-FR-: 당시 그리스어 Φ이 파찰음 pf였을 가능성에 비추어 볼 때 ─이는 Φ를 vh함하고 있는 단어를 모델로 한 아나그람에서 p와 f가 일치하는 많은 사례들을 해결해 준다─ (Aphrodī의) ī에 의해 인도되는 바구니primum에서 찾아볼 수 있는 pr을 간과하지 않는 것이 신중한 처사일 것이다.

-RŎD-: 이는 ⟨perculsae cŎRDa tua ui⟩③의 ŏrd로 나타나 있다. primum의 pr이 phr(pfr)로 셈해지면 시적 파격은 강한 것은 아니다. 왜냐하면 r의 위치가 한정을 받을 것이기 때문이다.

-DĬ-: ⟨te, DĬua, tuumque⟩④. 이 자리는 잘 정해져 있는데 왜냐하면 ⟨TuumquE⟩가 -dī- 다음에 오는 것을 나타내기 때문이다. 다음의 시구는 DĬ-ē-ī의 계열을 지나치게 잘 드러낸다.

patefactast uerna diei⑤

A F R DI E

이는 어렴풋이 주제어를 나타내는 것이다.

-IT-: 1. ⟨significant inITum⟩⑥. 여기서 다섯 번째 음소 i는 a와 혼동된다. I는 이 단어군에서 -it로 소멸된다. ⟨f + a⟩, 즉 f와 다섯 번째 음소 i와 혼동되는 a와의 결합은 af-it를 환기한다.

2. ⟨uiget gemITabilis⟩ ⑦

　 –TĒ: 바구니의 종성에 해당함.[80]

　소쉬르의『아나그람 연구』는 위와 같은 분석으로 가득 차 있다. 고
대의 시들은 모두, 다시 말해 이 시들을 구성하는 모든 모음과 자음들,
음절들, 음소들은 하나의 이름으로, 주제어로 환원된다. 이러한 환원
의 조건은 지금까지 살펴본 소쉬르의 사유의 논리, 곧 변별적 환원과
본질적으로 다른 것이 아니다.『전설에 대한 연구』에서 변별성이 '끔
찍한 것'과 '아름다운 것'의 대립으로 표현된다면『아나그람 연구』에서
는 '의도적인 것'과 '비의도적인 것'의 대립으로 나타난다. 왜냐하면 시
작 행위가 이중의 셈법으로 정의된다고 할 때 이 행위는 셈하기를 수
행하는 주체의 의도성을 반드시 전제할 수밖에 없기 때문이다. 시 텍
스트는 "시와의 관련성 속에서", 다시 말해 시적 지향이 지배하는 시
스템으로 이해되어야 한다. 아나그람을 지배하는 이중의 셈법은 다
음과 같이 정식화될 수 있을 것이다. 의도성이 입증되는 한에서, 다시
말해 의도적인 것과 비의도적인 것이 변별적으로 구별되는 한에서 일
련의 음소들의 계열 곧 시 전체는 하나의 이름으로, 하나의 주제어로
환원될 수 있다.『전설에 대한 연구』에서 역사적 환원이 이루어졌다
면『아나그람에 대한 연구』에서는 주제적 환원이 이루어진 것이다. 전
설이 역사를 재현하는 것이 아니듯 아나그람은 주제를 재현하는 것이
아니다. 소쉬르는 재현적 사유의 전통에 속한 사람이 아니다. 하나의
주제, 하나의 이름은 시 텍스트에 의해 재현된 것이 아니라 의도성이

지배하는 시적 체계 속에서 변별적으로 환원된 것이다. 이러한 환원은 그것이 시인에 의해 의도된 것일 때, 오직 그러한 의도성의 조건하에서 타당한 것으로 인정된다. 의도적이냐 비의도적이냐는 이러한 주제적 환원을 가능하게 하는 조건을 구성하는 것이다. 방대한 분량의 『아나그람에 대한 연구』가 보여 주듯 소쉬르는 모든 곳에서 그가 의도한 모든 아나그람들을 찾아낼 수 있었다. 스타로빈스키는 앞서 인용한 『말 속의 말』에서 이러한 증거의 과잉을 "증식prolifération"이라는 용어로 표현한다. 유감스럽게도 소쉬르에게 증거의 과잉은 증거의 부족보다 오히려 자신의 작업을 의심스러운 것으로 만들 뿐이었다. 아나그람은 시인이 의도한 것인가? 아니면 단순한 우연의 일치에 불과한 것인가? 처음 제시한 가설이 입증되면 될수록 결코 회피할 수 없었던 물음이 바로 이것이다. 이 물음이 중요한 이유는 바로 그것이 주제적 환원을 가능하게 하는 변별적 조건이기 때문이다. 소쉬르는 이 질문에 본인 스스로 직접 대답할 수 없었다. 그는 현대 이탈리아 시인의 한 시에서 아나그람을 발견하고는 그에게 직접 자신의 고민을 토로하기로 결심했다. 소쉬르는 아나그람이 의도적인지 아니면 우연에 불과한 것인지를 직접 물었다.

일반적인 라틴어 작시법에 관한 현대 라틴어 시를 천착하면서 나는 한 번 이상 다음과 같은 문제에 부딪혔습니다. 이 문제에 대해 저는 확실한 답변을 찾을 수가 없었습니다. 몇몇 현대 시인의 시작 행위 속에서 관찰되는 기술적인 세부 사항들은 이 시인들이 의도한 것인가요? 다시 말해 의식

적으로 적용된 것인가요? [81]

　이탈리아 시인 파스콜리Pascoli는 소쉬르의 질문에 의도성보다는 우
연성에 무게를 둔 답변을 보내왔다. 소쉬르는 자신이 연구한 사례를
직접 인용한 두 번째 편지를 보냈다. 여기서 그는 좀 더 구체적으로,
예를 들어 *facundi calices hausere – alterni*라는 시구에 감추어져 있는
것으로 추정되는 *Falerni*라는 이름이 "우연인지 의도적인 것인지" [82]
를 묻는다. 이번엔 파스콜리의 답장이 끝내 당도하지 않았다. 의도
성이 확보되지 않은 상황에서 이루어진 소위 주제적 환원은 "알파벳
24자" [83]의 자유로운 놀이의 우연한 결과에 지나지 않을 뿐이었다. 변
별적 환원이 불가능하게 되자 다시 포에시스의 우주는 통제할 수 없
는 차이들의 놀이터로 돌변한 것이다. 소쉬르는 연구를 중단하지 않
을 수 없었다. 비의적 전통에 다가가고자 했던 3년간의 열정은 우유
파는 여인의 꿈처럼 사라졌다.

13장
부정의 길

『시론』에서 시작해서 『논고』를 거쳐 「취임강연」, 『언어의 이중 본질에 관하여』, 『전설』, 『아나그람』, 『강의』에 이르기까지 방대한 분량의 텍스트들 속에서 드러난 소쉬르 사유의 움직임은 크게 두 가지다. 변별적 환원과 문자적 혹은 용어법적 추상화가 그것이다. 이 두 사유의 움직임은 음성학, 형태론, 기호론, 신화학, 시학 등 여러 분야와 영역에 걸쳐 다양한 방식으로 변주된다. 이제 서서히 소쉬르의 지적 전기에 대한 논의를 마무리 짓도록 하자. 이러한 변주는 구조주의라는 하나의 기획으로 수렴되는 것일까? 이 질문에 대답하기 위해 다시 한 번 더 주목하고자 하는 텍스트는 1890년대 중반 소쉬르가 한 권의 책을 출간하고자 기획했던 『언어의 이중 본질에 관하여』다. 여기서 소쉬르는 자신의 기획을 "부정의 길"로 묘사한다.

다르게 말해 한 단어가 물적 대상의 관념을 떠올리게 하는 것이 아니라면 이제 부정의 길 외에 달리 그 의미를 명확히 밝혀 줄 다른 길은 결단코 존재하지 않는다.[84]

부정신학은 신의 존재를 긍정이 아니라 부정의 방식으로 정의하는 신학적 방식을 가리킨다. 긍정적으로 신을 정의할 경우 신은 말하자면 규정의 대상이 되는데 이는 신이 규정될 수 없다는 정의적 속성에 위배된다. 예를 들어 "신은 무한하다"라는 정의는 신을 무한의 개념으로 규정하는 것이다. 하지만 신은 정의상 어떤 정의로도 규정될 수 없는 존재다. 부정신학은 "무한하다"가 아니라 이를테면 "유한하지 않다"라는 탈규정적인 방식으로 신의 이념에 접근하고자 한다. 이러한 접근 방식은 '신'을 비롯하여 '영혼âme', '자아', '자유' 등 주로 초월론적 이념들에 다가가는 길을 열어 준다. 이를테면 '영혼은 분리되지 않는다.' 등등. 앞 장에서 살펴보았듯이 소쉬르는 사투르누스의 시를 분석하면서 두운법을 초성만이 아니라 모든 음소에 적용 가능한 일반적 법칙으로 재정립하고자 했다. 소쉬르가 위에서 언급한 "부정의 길"은 그동안 형이상학적 이념들에 제한적으로 적용됐던 부정신학의 방법론을 모든 이념과 개념, 한마디로 모든 단어에 확대 적용한 것이 아닐까?

『언어의 이중 본질에 대하여』에서 소쉬르는 흥미롭게도 자신이 가고자 한 부정의 길을 예시하기 위해 특별히 번역적 상황에 주의를 환기한다. 예를 들어 한 기독교 선교사가 '영혼'이라는 프랑스어 단어를 토착어로 번역하는 상황을 떠올려 보자. 스위스 언어학자는 번역가의 과제를 다음과 같이 정의한다.

이러한 사실이 제시되는 수많은 모습 중의 하나는 다음과 같다. 한 기독
교 선교사가 한 야만족에게 '영혼'이라는 관념을 불어넣어 주어야겠다고
생각한다. 그는 토착어 속에서 두 개의 단어가 이러한 목적을 위해 활용
가능하다는 점을 알게 되었는데, 이를테면 하나는 일종의 '숨결souffle'을, 다
른 하나는 일종의 '호흡respiration'을 뜻하는 것이다. 선교사가 토착어에 완진
히 능숙하고, 그가 소개하고자 하는 관념이 ()에게 전혀 알려진 바 없는 것임
에도 불구하고 '숨결'과 '호흡'이라는 두 단어의 이러한 단순한 대립은 어떤 비밀
스러운 이유 때문에 이 둘 중 어느 하나에 '영혼'이라는 관념이 자리 잡도록 강력
히 시사한다. 그래서 가령 그가 두 번째 단어 대신 섣불리 첫 번째 단어를 선택
함으로써 포교의 성공에 심각한 장애가 발생할 수도 있을 것이다. 그런데 이 비
밀스러운 이유란 부정적인 이유와 다른 것이 아닌바, 이는 '영혼'의 긍정적 관념
이 이 종족의 지각에는 전적으로 벗어나 있기 때문이라고 할 수 있다.[85]

기독교 선교사가 처한 상황은 다음과 같다. '영혼'이라는 기독교적
관념을 이교도들인 토착민에게 과연 어떻게 성공적으로 주입할 것인
가? 이는 '영혼'이라는 프랑스어 단어를 토착어로 어떻게 번역할 것인
가?라는 문제와 직결된 것이다. 포교의 성공은 번역의 성공에 전적으
로 의존한다. 말하자면 신학은 근본적으로 언어학에게 빚을 지고 있
다. 토착어에 능숙해진 기독교 선교사는 보통 번역가들이 그렇게 하
듯 토착어 어휘 가운데 특별히 '숨결'과 '호흡'을 뜻하는 두 단어를 찾

아낸 뒤 깊은 고민에 빠진다. 최종적으로 그가 '숨결'이라는 단어를 선택했다고 가정해 보자. 이 순간 과연 '영혼'이라는 하나의 관념이 단번에 토착어인 '숨결'에 주입될 것인가? 소쉬르는 위에서 이러한 선택이 '섣부른' 것일 수 있음을 환기한다. 이는 번역가의 신학적 혹은 언어학 판단이 잘못된 것이어서가 아니라 궁극적으로 모든 번역이 사실상, 그리고 정의상 '섣부른 선택'에 불과한 것이기 때문이다. 이를테면 언어학은 근원적으로 신학에 원죄를 지은 것이다!

포교의 성패가 달린 바로 이 문제 지점에서 랑그의 '비밀스러운 이유'에 대한 소쉬르의 질문이 시작된다. 토착민은 '영혼'이 무엇인지 전혀 알지 못한다. '영혼'의 관념을 긍정적으로, 적극적으로, 실증적으로 이해하는 것이 그들에게는 애당초 불가능하다. 그렇다면 '숨결'을 뜻하는 토착어 단어에 기대 과연 이 '무엇'에 도달할 수 있을까? 소쉬르는 '포교의 성공에 심각한 장애'가 발생할 수 있음을 경고하는 것으로 이 질문에 대한 대답을 갈음한다. 이는 단순히 프랑스어 '영혼'이 토착어 '숨결'로 번역되었기 때문이 아니다. 이제 토착민은 '영혼'이라는 기독교적 관념을 오직 부정적으로만, 소극적으로만, 좀 더 정확히 말하자면 토착어 '숨결'과 '호흡'이 맺고 있는 관계를 통해서만 대강 어림잡아야 하기 때문이다. 번역적 상황이 감추고 있는 "비밀스러운 이유"는 『강의』에서 다음과 같이 정식화될 것이다. 랑그에는 오직 차이만이 존재한다.

'영혼'은 플라톤의 이데아의 세계를 떠돌아다니는 순수한 이념이 아니라 '영혼'이라는 프랑스어 단어의 시니피에에 지나지 않는다. 토착어 '숨결'의 시니피에가 '호흡'과의 관계 속에서 결정되듯이 프랑스어

'영혼'의 시니피에도 말하자면 여전히 불순하게 오직 부정적으로만, 소극적으로만 정의되는 것이다. 『언어의 이중 본질에 대하여』에 등장하는 또 다른 텍스트를 인용해 보자.

'정신esprit' 속에 담겨 있는 내용을 '영혼âme'이나 '사고pensée'와의 대립을 통해 철저하게 파헤치거나, '가다aller' 속에 담겨 있는 내용을 '걷다marcher', '지나가다passer', '길을 가다cheminer', '향하다se porter', '오다venir', '나아가다se rendre' 등과의 대립을 통해 철저하게 파헤치는 일은 솔직히 평생이 걸릴 수도 있다.[86]

좀 전에 인용한 텍스트와 방금 인용한 텍스트를 병치해 보자. 이때 기독교 선교사가 처한 번역적 상황이 사실은 좀 더 복잡한 것임이 곧바로 드러난다. 우선 다음의 사실을 강조하자. '영혼'이라는 이데아가 별도로 존재하고 그것이 이편에서는 프랑스어 '영혼'으로, 저편에서는 토착어 '숨결'로 육화되는 것이 아니다. 그 어디에도 이데아는 존재하지 않는다. 그저 이 속세에는 한편으로는 {영혼, 정신, 사고 (…)}이라는 프랑스어 계열이, 다른 한편으로는 {숨결, 호흡, (…)}이라는 토착어 계열만이 존재할 뿐이다. 태초에 말씀이 있었고 계속 말씀이 있을 뿐이다. 이 세속적 상황 속에서 번역가의 과제는 단순히 '영혼'이라는 프랑스어 단어와 '호흡'이라는 토착어 단어를 일대일로 맞교환하는 것이 아니라 이들이 각자 속해 있는 두 계열을 통째로 마주치게 하는 것이다. 이러한 마주침의 결과 번역가의 머릿속에 하나의 공간이 열리게 된다. 이 공간은 단순히 출발어에서 도착어로 건너가는 일방통행로가 아니라 출발어와 도착어 사이를 끊임없이 오가는 망설임의 공간일 것이다. 이러한 망설임에는 언제나 긴장이 따르기 마련이다. 이른바 물음의 공간을 거치지 않은 번역이란 존재하지 않은바 모든 번역은 문자적(베르만)이거나 의미적(라드미랄)이기 이전에 우선 긴장적이라고 할 수 있다. 기독교 선교사가 처한 번역적 상황을 재구성해 보자.

기독교 선교사가 토착어에 부재하는 '영혼'이라는 프랑스어 단어를 번역하려고 하는 순간 토착어 계열에 전에 없던 하나의 빈자리가 생긴다. 이 자리에 물음표라는 기호를 넣어 보자.

토착어: {숨결, 호흡, ? (…)}

'숨결'과 '호흡'이라는 두 단어를 두고 번역가가 깊은 고민에 빠지게 되는 이유는 바로 이 물음표의 보충적 기입 때문이다. 번역가가 '호흡' 대신 '숨결'을 선택하는 순간 '영혼'이라는 시니피에가 곧바로 '숨결'에 주입되는 것이 아니라 이 '숨결'에 하나의 물음표가 슬그머니 따라붙게 되는 것이다. 이를테면 번역가는 다음과 같이 자문하게 될 것이다. '숨결'이 정말로 올바른 대역어일까? 토착어의 계열에 이 질문은 다음과 같은 형태로 기입된다.

토착어: {숨결-?, 호흡, (…)}

이 물음표의 존재로 인해 '숨결'과 '호흡'이 지금까지 맺고 있던 비교적 안정적인 관계가 혼란에 빠지게 된다. 물음표는 하나의 계열이 완전무결한 것이 아니라는 사실을, 말하자면 이 계열의 한계를 그대로 드러내는 역할을 수행한다. 소쉬르의 랑그가 기호들의 체계라고 할 때 이 체계 안에는 이처럼 항상 물음표의 자리가 근원적으로, 원천적으로 각인되어 있다. 부정의 길은 물음의 길이다.

그런데 이 순간 기독교 선교사의 머릿속에는 또 다른 질문이 긴장을 불러일으킨다. 이번엔 그의 물음의 촉이 토착어가 아닌 프랑스어를 향한다. 프랑스어 '영혼'을 토착어 '숨결'로 번역할 수 있다는 그의 최종 판결은 토착어 '숨결'이 프랑스어 '영혼'일 수 있느냐는 물음뿐만 아니라 과연 프랑스어 '영혼'이 토착어 '숨결'일 수 있느냐는 물음을 동시에 제기하게 한다. '숨결'이라는 대역어의 존재 자체가 최소한 번역가에게는 필연적으로 프랑스어 '영혼'에도 하나의 물음표를 찍게 만든다는 말이다. 번역가는 이를테면 다음과 같이 자문하게 될 것이다. 프랑스어 '영혼'이 정말로 토착어 '숨결'에 적합한 것일까?

프랑스어: {영혼-?, 정신, 사고, (…)}

'숨결-?'가 프랑스어 '영혼'이 토착어 '숨결'로 번역되는 순간 토착어 계열에 기입된 물음이라고 할 때 '영혼-?'는 역으로 '숨결-?'가 프랑스어 계열을 향해 되던지는 일종의 반문이다. 포교의 성패가 결정되는

"비밀스러운 이유"는 물음표라는 이 의심스러운 존재와 무관하지 않다.

'영혼'이라는 프랑스어를 '숨결'이라는 토착어로 번역하는 것이 가능하려면 무엇보다도 프랑스어 '영혼'의 계열과 토착어 '숨결'의 계열 사이에 등가관계가 성립해야 한다. 이를 위해서는 이 두 계열 사이에 매개적 역할을 수행하는 공통의 요소가 반드시 존재해야 한다. 토착어 계열에 부재하는 '영혼'이라는 프랑스어 단어가 이러한 역할을 수행할 수는 없다. 이 두 계열 사이의 우발적 마주침 덕분에 번역이라는 작업이 이루어진다면 과연 이러한 가능성을 보장하는 것은 무엇일까? 앞서 살펴보았듯이 '영혼'이라는 프랑스어를 번역하려고 하는 순간 하나의 물음표가 {숨결, 호흡, (…)}이라는 토착어 계열뿐만 아니라 {영혼, 정신, 사고, (…)}라는 프랑스어 계열에 동시에 기입된다. 그렇다면 이 두 계열 사이에 존재하는 공통의 요소는 오직 물음표뿐이 아닌가? 다음의 사실을 강조하도록 하자. 번역이라는 거래가 성사되기 위해 임의의 두 언어계열 사이에 모종의 등가관계가 성립되어야 한다면 그러한 매개적 역할을 수행할 수 있는 것은 두 계열 사이에 공통으로 존재하는 '?'뿐이다. 좀 더 본질적인 질문을 제기해 보자. 번역의 가능 조건으로서 이 물음표 기호는 무엇인가?

소쉬르에 따르면 언어기호의 내부에는 "다른 모든 인간적 것들"과는 근본적으로 다른 이른바 "절대적 무가치성"만이 존재한다.

언어와 다른 모든 인간적인 것들과의 유추에서 결함이 존재하는 두 가지 이유가 있다. [1] 기호들의 내적 무가치성. [2] 그 자체로 무가치한 하나

의 항에 집착하는 우리 정신의 능력.[87]

'영혼'이라는 프랑스어 단어의 시니피에가 '정신'이나 '사고'와의 관계망에 의해 부정적으로, 소극적으로 결정될 수밖에 없는 이유는 사실 이 단어의 내부가 텅 비어 있기 때문이다. 소쉬르는 위에서 이러한 텅 비어 있는 상태를 "내적 무가치성"이라는 말로 표현하고 있다. 놀랍게도 인간은 무가치한 것에 집착하는 탁월한 정신적 능력을 보유하고 있다. 납득하기 어렵고 무모한 집착을 물음표 이외의 다른 어떤 기호로 표현할 수 있을 것인가? 말하자면 "우리 정신의 능력"은 "그 자체로 무가치한" 모든 언어기호 안에 다름 아닌 물음표를 기입하는 능력이다. 한 걸음 더 내디뎌 보자. 기호가 텅 비어 있다는 것은 본질적으로 기호가 물음표의 형식으로 존재함을 가리킨다. 기호는 근본적으로 물음표 기호다. 이 기호가 뜻하는 바는 무엇인가? 기호학적 경험은 한마디로 물음의 경험이다. 바로 이 물음표 기호의 존재 덕분에 다른 기호들과의 부정적·소극적·차이적 관계가 성립될 수 있다. 그토록 무가치한 것에 집착하는, 그래서 너무나 인간적인 욕망의 기호로서의 물음표. 하나의 기호에 끊임없이 새로운 의미가 부여될 수 있는 것은 물음표라는 무가치한 잉여가치 덕분이다.

언어기호 안에 들어 있는 것은 어떤 시니피에가 아니라 "어떤 신비감"이 감도는 바로 이 절대적 'x'로서의 '?'이다. 본서 44쪽의 인용문을 보자. 재미삼아 새겨놓은 홈에 집착하게 만드는 이른바 '?'라는 잉여가치는 윤리적인 것도 경제적인 것도 아니다. '재미삼아'라는 표현이 잘 드러나 있듯이 그것은 전적으로 미학적인 것이다. 다시 번역적 상황으로 돌아가 보자.

　인간적 욕망의 원인으로서 바로 이 '?'가 프랑스어 계열과 토착어 계열을 넘나들면서 이들의 마주침을 가능하게 하는 절대적 (무)가치다. '?'는 토착어 계열의 한계를 드러냄과 동시에 프랑스어 계열을 물음에 부침으로써 이 두 계열을 매개하는 독특한 역할을 수행한다. 이 역할을 탈매개적 매개médiation démédiatisée라고 부르도록 하자. 상품 사이의 교환을 허용하는 것이 절대적 가치를 상징하는 금이라고 할 때 언어 기호 사이의 교환을 가능하게 하는 것은 또 다른 의미에서 절대적 가치를 상징하는 'x'로서의 '?'라고 할 수 있다. 금이라는 대상이 절대적 욕망의 가능성의 대상이라는 의미에서 절대적이라면, 'x'는 욕망의 절대적 불가능성의 대상이라는 의미에서, 절대적으로 사용 불가능하다는 또 다른 의미에서 절대적이라고 할 수 있다. 절대적 욕망의 가능으로서의 금이 존재하지 않는다면 상품들 사이에 아무런 교환도 일어나지 않을 것이다. 마찬가지로 욕망의 절대적 불가능으로서의 'x'가 존재하지 않는다면 언어기호들 사이에 아무런 교환도 일어나지 않을 것이다. 두 언어 사이에 번역이 가능한 것은 역설적으로 사용 불가능한 바로 이 'x'라는 잉여가치 덕분이다. 교환불가능성이 교환을 가능하게 하며 번역불가능성이 번역을 가능하게 한다. 데리다의 말을 빌리자면 'x'로서의 '?'는 불가능의 가능이다. 이는 기호의 잉여이며, 다르게 말해 기호학적 존재 자체다. 이런 상황 속에서 모든 번역은 소쉬르의 말대로 "섣부른" 번역일 수밖에 없다.

하나의 언어기호를 다른 언어기호들과 차이 나게 하면서 차이를 짓는 것은 이들을 사용할 수 있게 하는 사용불가능성으로서의 ?이다. 그 자체로 무가치한 기호는 인간 정신의 집착, 즉 인간의 욕망이 투자됨에 따라 하나의 물음표 존재, 즉 '기호-?'가 된다. 여기서 '?'는 새로운 의미의 역량으로서 이 기호의 잉여가치를 나타내는 것이다.

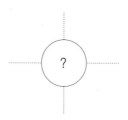

위의 그림에서 동그라미는 하나의 기호를 가리키고 이 욕망의 기호 안에 기입된 '?'는 기호의 내적 무가치성과 이에 대한 인간 정신의 무한한 집착을 표현한다. 이 기호에 연결된 선들은 그것이 다른 기호들과 맺고 있는 관계의 망을 표시한 것으로 아직 이 망이 확정된 것이 아니기 때문에 점선으로 나타낸 것이다. 이 그림을 바탕으로 프랑스어 '영혼'의 관계망을 그려 보자.

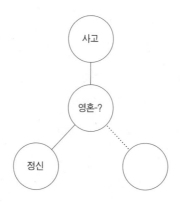

프랑스어 '영혼'의 가치는 이 단어가 속한 동의어 계열 속에서 다른 단어들과 맺고 있는 부정적·소극적 관계에 따라 결정된다. '영혼'에 물음표가 찍혀 있는 것은 이 계열이 닫힌 것이 아니라 언제든지 새롭게 열릴 수 있음을 뜻한다. 토착어 '숨결'에 대해서도 동일한 그림을 그릴 수 있을 것이다.

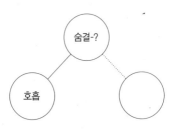

프랑스어 계열과 토착어 계열 사이에 번역이라는 거래가 성사될 수 있는 것은, 한편으로 프랑스어 '영혼'이 '정신'이나 '사고' 등과 맺고 있는 부정적·소극적·차이적 관계와, 다른 한편으로 토착어 '숨결'이 '호흡' 등과 맺고 있는 부정적·소극적·차이적 관계가 신학적으로든 철학적으로든 언어학적으로든 엇비슷해서가 아니라 이 두 계열 사이의 우발적인 마주침을 통해 다름 아닌 '?라는 잉여가치가 발생했기 때문이다. 바로 이 '?'가 전혀 다른 두 기호, 즉 프랑스어 '영혼'과 토착어 '숨결' 사이에 이른바 동의어 관계를 성립시킨다. 모든 번역이 소쉬르의 표현대로 '섣부른' 번역인 것은 바로 이 '?' 때문이며 또한 역설적으로 바로 이 '?' 덕분에 번역이 가능한 것이다.

랑그가 기호들의 체계라면 이 체계는 상술한 바와 같이 결코 닫힌 체계일 수 없다. 랑그 안에 존재하는 모든 기호는 잠정적으로 물음표

기호들이며 이 물음표를 통해 언제든지 새로운 기호학적 관계가 체결될 수 있다. 차이만이 존재하는 랑그의 실제 모습은 잘 정의된 하나의 체계가 아니라 아래와 같이 점선과 실선으로 얽히고설킨 불안정한 하나의 네트워크라고 할 수 있다. 이 네트워크를 하나의 그림으로 나타내면 다음과 같다.

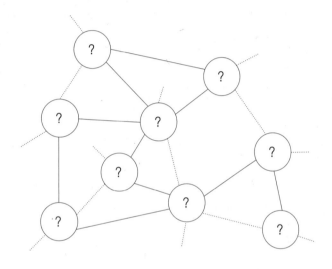

소쉬르의 마음을 가득 메우고 있는 것은 "별이 총총한 하늘"도 "마음의 도덕법칙"도 아니다. 그것은 랑그라는 차이의 우주다. 이 우주에 촘촘히 박힌 기호들은 모두 '기호-?'들이다. 하나의 기호에 하나의 연결선이 연결될 때 그 기호의 시니피에에 조그마한 변화가 발생한다. 기호에 붙어 있는 연결선이 늘어나게 되면 또 다른 의미가 추가된다. 기호 자체는 텅 비어 있기 때문에 그 자체만으로는 아무것도 의미할 수 없다. 오직 다른 기호들과의 관계를 표시하는 연결선의 수에 따라 의미가 끊임없이 그 빛깔을 달리할 뿐이다. 점멸을 반복하는 아름다운 빛깔의 우주. 기호의 가치는 결코 동일한 것으로 머물러 있는 것이 아니라 다른 기호들과의 관계에 따라 시시각각으로 변할 수밖에 없다.

'왕', '주교', '여인', '개'와 같이 그 지시가 명확한 것이라 하더라도 단어 안에 들어 있는 온전한 개념은 오직 다른 단어들과의 공존에 의해서만 추론된다. '왕'은 '황제'나 '교황'이 존재하거나 '공화국'이 존재하거나 '기사'나 '공작'이 존재하거나 할 때 전혀 동일한 '왕'일 수 없다. '개'를 말과 대조할 경우 그리스에서처럼 파렴치하거나 천박한 동물로 간주되기도 하고 사냥감이 되는 야생 동물과 비교할 경우 켈트족에게서처럼 용감함과 충실함의 모델이 되기도 한다. 이 경우의 '개'도 전혀 동일한 '개'가 아니다.[88]

'왕'이라는 단어가 어떤 단어들과 연결망을 형성하느냐에 따라 전혀 다른 '왕'으로 해석될 수 있다. 예를 들어 '신하'와 비교될 때의 '왕'과 '교황'과 비교될 때의 '왕'은 전혀 다른 '왕'이다. '개'라는 단어도 마찬가지이다. '말'과 비교되느냐 아니면 '사냥감'과 비교되느냐에 따라 '개'는 전혀 다른 '개'가 될 수 있다. 랑그의 '비밀스러운 이유'는 그것이 단지 기호들의 체계로 이루어졌다는 사실만으로 밝혀지는 것이 아니다. 물음표 존재로서 기호는 오직 다른 기호들과 맺고 있는 연결선의 수에 따라 전혀 다른 가치를 지니게 된다. 하나의 기호가 다른 기호와 맺고 있는 이러한 부정적 관계는 랑그가 결코 안정적 체계일 수 없음을 보여 준다. 하나의 연결선이 기호에 새롭게 첨가될 때마다 랑그는 스스로를 탈중심화한다. 탈중심화되면서 중심화되는 기계.

> 랑그는 어떤 손상을 가하더라도 여전히 작동하는 하나의 기계에 비교될
> 수 있다.[89]

19세기에 언어는 하나의 생명체에 비교됐다. 소쉬르의 공헌 가운데 하나는 이러한 유기체적 언어관을 기계론적인 것으로 재정립한 것에 있다. 촘스키의 통사구조syntactic structure, 자연언어의 자동처리, 자동번역 등 20세기 언어관은 모두 기계론에 바탕을 두고 있다. 소쉬르에 따르면 랑그는 하나의 기계에 불과한데 아주 성능이 뛰어나서 고장 나도 작동하는 기계다. 소쉬르보다 좀 더 소쉬르적인 주장을 펴 보자. 랑그는 역설적으로 오직 고장 날 때 본격적으로 작동하는 기계다. 흥미롭게도 소쉬르의 이러한 기계론적 언어관은 대단히 생물학적이다. 고장 나도 작동하는 기계는 생존 능력이 탁월한 살아 있는 기계가 아닌가? 들뢰즈라면 이러한 소쉬르의 손상된 기계를 가리켜 '기관 없는 신체'라는 말로 표현했을 법하다. 프랑스어 '영혼'을 토착어 '숨결'로 번역함으로써 '숨결'이 '숨결-?'가 되는 것은 모국어의 외국어 '되기'에 다름 아니지 않은가? 모든 종교 텍스트가 원전을 고수하는 이유는 이러한 '되기'의 불경스러운 역량 때문이 아닐까? 기독교 선교사가 프랑스어 '영혼'을 토착어 '호흡'이 아니라 '숨결'로 번역하는 순간 포교의 성공에 심각한 장애가 발생할 수 있는 이유는 분명 여기에 있을 것이다.

소쉬르가 걸어가고자 한 부정의 길은 하나의 기획일 수 있을까? 끊

임없이 확장해 가는 네트워크. 고장 나도 작동하는 기계. 차이의 무한한 우주를 방불케 하는 이러한 랑그에 대한 사유는 기획이라기보다 반反-기획에 가까운 것이 아닌가?

/

14장
늑대 걸음

/

"그러나 나는 꿈속에서 길을 잃고 있으며 우유 짜는 여인의 우화를 상기해야 함을 잘 알고 있다."

『언어의 이중 본질에 관하여』,『전설』,『아나그람』등 모든 에세이 형식의 글에서 소쉬르는 위의 우화를 지속적으로 떠올렸던 것이 아닐까? 앞서 살펴보았듯이 이 에세이들은『시론』과 달리 끝을 맺지 못하고 중간에 모두 중단됐다. 소쉬르는 '언어 일반'에 대한, '전설'에 대한, '아나그람'에 대한 한 권의 책을 출간하기 위해 두툼한 분량의 육필 원고를 작성했지만 끝내 결론을 맺지 못했다. 그동안 소쉬르 연구자들은 이러한 중단이 뜻하는 바에 관한 여러 가지 가설을 제시했다. '소쉬르의 침묵', '의심', '편지공포증' 등이 이러한 중단의 함축적 의미를 기술하는 용어들이다. 이러한 심리적 이유보다 소쉬르의 사유의 논리 자체에서 비롯된 좀 더 근본적인 이유가 존재하는 것은 아닐까? "사고의 드라마"는 무엇보다 인식론적이어야 하지 않을까?

지금까지 논의했듯이 소쉬르는 재현적 사유와는 근본적으로 다른 변별적 환원이라는 새로운 사유의 논리를 도입하고자 했고 또한 문자적/용어법적 추상화를 통해 이러한 논리가 적용되는 새로운 사유의 질서를 열고자 했다. 변별적 환원이 가능하기 위해서는 앞서 여러 차례 지적했듯이 체계성이라는 조건이 우선 충족되어야 한다. 구조주의는 이러한 조건이 이미 충족된 것으로 가정한다. 그런데 이러한 전제는 과연 타당한 것일까? 소쉬르가 "가치의 문제 전체"를 밝힐 목적으로 예시한 문자 체계는 사실 범례적이라기보다는 예외적인 것이다. 랑그는 28개의 문자로 이루어진 알파벳 체계처럼 닫힌 체계가 아니라 무한한 차이의 우주로 존재한다. 체계가 닫혀 있지 않고 열려 있다면 변별성이 지속적으로 확보되기는 어렵다. α가 β와 구별되지 않는다면 $\langle a, b, c, d \cdots \rangle$의 계열은 무한한 차이화의 과정에 노출될 수밖에 없다. 20세기가 본 것처럼 체계성의 가정이 무너질 때 후기구조주의가 성립한다. 소쉬르의 침묵은 이러한 노출의 효과를 드러내는 증상이 아닐까? 전설의 여러 판본 계열이 하나의 판본으로 환원될 수 있기 위해서는 '시화poétisation/탈시화dépoétisation'라는 변별성이 사전에 확보되어야 한다. 마찬가지로 아나그람 시 텍스트가 신의 이름을 구성하는 음절들로 환원되기 위해서는 '의도성/비의도성'이라는 변별성이 사전에 확보되어야 한다. 변별적 환원이 불가능하게 되자 로고스, 뮈토스, 포에시스의 우주는 통제할 수 없는 차이들의 놀이터로 돌변한 것이다. 자의성이 차이화의 조건이고 체계성이 변별적 환원의 조건이라면 20세기의 지성사가 증언하듯 결국 자의성이 체계성을 집어삼킨 것이다. 푸코에 따르면 19세기 에피스테메를 선도한 과학은 해부학이었다. 해부학은 기능적 단위의 존재를 가정한다. 차이의 무한한 움직임을 과연 해부학적으로 포착할 수 있을까? 이러한 움직임은 그저 어떤 흐름만을, 어떤 경향성만을 드러내는 것이 아닐까? 오늘날 모든 학문 분야에서 통계학이 위세를 떨치는 것은 결코 우연이 아닐 것이다. 마음속에 빛나는 무한한 차이의 우주 앞에서 제네바 대학 교수는 깊은 침묵 속에 빠져들지 않을 수 없었을 것이다. 후기구조주의자들이 행한 모든 작업은 구조주의자들에게 우유 짜는 여인의 우화를 일깨운 것에 지나지 않는다. 이미 오래전에 소년 소쉬르가 스스로를 그렇게 일깨웠던 것처럼.

『미래의 소쉬르Saussure au futur』는 2015년에 라스티에가 출간한 책의 제목이다. 이 책에서 라스티에는 오늘날 역사를 망각한 언어학자들에게 각자 자신의 연구 프로그램에서 역사적 지평을 새롭게 복원할 것을 주문한다. 『소쉬르의 현재Présence de Saussure』, 『소쉬르와 오늘의 언어학Saussure and Today's linguistics』, 『오늘의 소쉬르Saussure Aujourd'hui』 등 1990년대 개최된 소쉬르 국제학술대회의 주제들이 "사고의 드라마"를 리메이크하고자 한 복고적 발상이었다면 미래의 시점에서 재조명하고자 한 라스티에의 역사적 전망은 분명 시대착오적인 것으로 보인다. 이제 글을 마무리하면서 다음의 사실을 환기하도록 하자. 소쉬르의 삶은 언제나 시대착오적이었다. 시대를 앞서가기도 했고 뒤처지기도 했으며 시대에 파묻혀 지내기도 했다. 그리고 점점 더 자신의 시대와 어긋났다. 1장에서 인용한 문구에서 벤베니스트는 "소쉬르가 조금씩 자신의 고유한 진리의 주인이 되어 가면서 자신의 시대와 멀어졌다"고 말하면서 이러한 어긋남의 의미를 해명하고자 했다. 하지만 소쉬르는 자신의 시대와 멀어졌을 뿐만 아니라 다가올 시대와도 결코 타협하는 법을 알지 못했다. 그는 '진리의 주인'이라기보다 '진리의 증상'에 가까운 삶을 살았다. 그는 19세기에도 20세기에도 에피스테메의 경계에 계속 머물러 있었다. 바로 이러한 '어긋남'이 특정한 시대를 넘어 오늘날에도 여전히 소쉬르와의 동시대적 만남을 가능하게 하는 하나의 조건을 형성하는 것이다.

1966년 『일반언어학 강의』 출간 50주년을 기념하면서 벤베니스트는 앞서 언급했듯이 니체를 인용한다. 2016년 100주년을 다시 기념하면서 나는 니체를 인용한 데리다를 인용하는 것으로 소쉬르의 지적 전기에 대한 논의를 마무리하고자 한다. 2004년 6월 8일 스트라스부르 대학에서 행한 마지막 강연에서 데리다는 비둘기 걸음으로 오는 사상과 늑대 걸음으로 엄습하는 사상을 비교한다.

늑대걸음으로 나가는 것, 그것은 소음 없이 행진하는 것이요, 예고 없이 당도하는 것이며 신중하게 침묵으로 보이지 않게, 거의 들리지도 않게 비^非지각적 방식으로 진행하는 것이다. 먹잇감을 불시에 습격하기 위해, 눈에 보이는 것을 불시에 습격하면서 포획하기 위해. 눈에 보이는 것은 자신을 보면서 다가오는 것, 자신을 불시에 습격함으로써 포획할, 자신을 불시에 습격함으로써 포위할 준비가 되어 있는 것을 보지 못한다. 그것은 자신을 보는 것을 보지 못한다. 여기서 문제가 되는 것은 침묵의 말이다. 늑대 걸음으로 나아가는 말.[90)]

어디까지 언급했나? 비둘기 걸음은 아니라고 말했다. 비둘기 걸음이 아니라 늑대 걸음이다. 비둘기 걸음과는 비록 완전히 다른 것이지만 늑대 걸음은 침묵으로 신중하게 보이지 않으면서 나아간다. 비둘기 걸음과 늑대 걸음 사이의 공통점은 이 두 걸음 모두 들을 수 없다는 것이다. 하지만 후자는 전쟁을, 전쟁의 장수를, 전쟁을 선포하는 주권을 예고한다. 전자는 조용히 평화를 명령한다. 여기서 우리의 관심을 끄는 것, 이미 지속적으로 우리의 관심을 끌고 있으며 앞으로 계속 끌게 될 것은 동물-정치학의 두 가지 중대한 형상이다. 이 두 형상이 우리의 공간을 점유한다.[91)]

비둘기 걸음과 늑대 걸음 모두 볼 수도 들을 수도 없다. 데리다에 따르면 동물-정치적 공간을 규정하는 이 두 이미지 가운데 전자가 평화를 선언한다면 후자는 전쟁을 선포한다. 1차 세계대전이 끝나고 간전기間戰期에 수용되기 시작한 『일반언어학 강의』는 2차 세계대전이 끝난 뒤 60년대 활짝 꽃을 피웠다. 비둘기 걸음으로 찾아온 『일반언어학 강의』는 잘 정리된 이분법적 체계로 평화로운 질서를 구축했다. 라스티에는 『미래의 소쉬르』에서 『일반언어학 강의』가 아니라 『언어의 이중 본질에 대하여』라는 소쉬르의 텍스트로 되돌아가 기존의 소쉬르

해석에 변형을 가할 것을 주문한다. 그런데 과연 이 수고 텍스트에서 '미래'의 소쉬르를 만날 수 있을까? 데리다가 말한 늑대 걸음은 결코 미래를 지시하지 않는다. 그것은 오직 이름만을 지시할 뿐이다. 아직 부재하지만 다가올, 아직 볼 수도 들을 수도 없는 누군가의 이름을. 이 이름이 속한 시간적 질서는 미래가 아니라 전미래다.

> 내가 '늑대 걸음으로'라는 부사구 속에서 '걸음'(프랑스어 'pas'는 걸음이라
> 는 뜻을 지닌 명사로도 쓰이고 부정의 뜻을 지닌 부사로도 쓰인다는 사실을 기
> 억하도록 하자. 필자 주)을 명명하는 표현을 선택한 이유는 아마도 늑대가
> 여기서 부재중에 명명되기 때문이다. 늑대는 명명되는 그곳에서 보이지
> 않고 당도하는 그곳에서 들리지 않는다. 이름을 제외하면 여전히 부재하
> 는 그곳에서 말이다. 그는 스스로를 예고한다. 사람들은 그를 두려워하고
> 그를 명명하고 그를 참조한다. 이름으로 그를 부른다. 그를 상상하고 그에
> 게 이미지, 비유, 형상, 신화, 우화, 환상을 투사한다. 언제나 현존하지도
> 재현되지도 않는 누군가를 참조하면서 말이다.[92]

늑대 걸음으로 엄습하는 어떤 조짐은 미래가 아니라 전미래에 속한 것이다. 바로 이 시제가 오직 물음으로 채워진 어긋남이라는 소쉬르의 탈각된 시간성을 가장 잘 드러내는 것이 아닐까? 데리다는 이러한 탈각된 시간성의 존재론을 유령으로 묘사한다. 미래가 아니라 전미래의 소쉬르Saussure au futur antérieur는 "하나의 이미지, 비유, 형상, 신화, 우화, 환상"에 지나지 않는다. 오늘날 소쉬르라는 이름으로 출간되는 책에

서 과연 무엇을 기대할 수 있을까? 하나의 이미지로서의 사유. 하나의 사유 이미지로서 소쉬르라는 이름. 이 이름으로 다가오는 "하나의 이미지, 비유, 형상, 신화, 우화, 환상".

　19세기 언어학이 처한 상황에 대한 소쉬르의 이의제기는 오늘날 언어학, 나아가 과학 일반이 처한 상황에도 그대로 적용될 수 있는 것이 아닌가? 오늘날 스위스 언어학자 페르디낭 드 소쉬르는 "명명되는 그곳에서 보이지 않고 당도하는 그곳에서 들리지 않는다. 이름을 제외하면 여전히 부재하는 그곳에서 말이다." 쿤의 표현을 빌리자면 정상과학이 비정상과학으로 변질되는 '오늘' 하나의 이름에 기대 본다. '소쉬르'라는 이름. 멀리 저편으로 떠나보낸 아버지. 한 세기는 저물었다. 깊은 어둠 속에서 소쉬르라는 이름의 유령이 다가온다. 소리 없이 늑대 걸음으로. 데리다의 『마르크스의 유령들』의 마지막 문구로 이제 글을 마무리하자.

　"자네는 학자야, 그것에게 말 걸어 봐, 호레이쇼Thou art a scholar; speak to it, Horatio"….

주석

1) 에밀 벤베니스트, 「반세기 이후 소쉬르」(1963), in 『일반언어학의 제문제들』(1966), p.45.

2) 니체, 『차라투스트라는 이렇게 말했다』(2000), p.248.

3) 질 들뢰즈, 「구조주의를 어떻게 식별할 것인가?」 in 『의미의 논리』(1999), pp.559-560.

4) 에밀 벤베니스트, 「반세기 이후 소쉬르」, in 『일반언어학의 제문제들』(1966), p.45.

5) 니체, 『비극의 탄생·반시대적 고찰』(2005), p.283.

6) 니체, 『비극의 탄생·반시대적 고찰』(2005), p.288.

7) 니체, 『비극의 탄생·반시대적 고찰』(2005), p.289.

8) *CFS* 21, 1964, p.124.

9) Joseph 2012: p.168.

10) Joseph 2012: p.166.

11) Joseph 2012: p.167.

12) Joseph 2012: p.138.

13) Joseph 2012: p.139.

14) 소쉬르, 『일반언어학 노트』(2006), p.167.

15) Joseph 2012: pp.159-160.

16) Godel 1969: p.31.

17) 소쉬르, 『일반언어학 강의』(1990), p.13.

18) 미셸 푸코, 『말과 사물』(2012), p.388.

19) 소쉬르, 『일반언어학노트』(2006), p. 362.

20) 소쉬르, 『일반언어학 노트』(2006), p. 47.

21) 미셸 푸코, 『말과 사물』(2012), p. 398.

22) 김성도, 『로고스에서 뮈토스까지』(1999), p. 238.

23) Saussure 1881: p. 52.

24) 소쉬르, 『일반언어학 노트』(2006), p. 198.

25) 소쉬르, 『일반언어학 노트』(2006), p. 238.

26) 소쉬르, 『일반언어학 노트』(2006), p. 205.

27) 소쉬르, 『일반언어학 노트』(2006), pp. 204-205.

28) 소쉬르, 『일반언어학 노트』(2006), p. 207.

29) 소쉬르, 『일반언어학 노트』(2006), p. 208.

30) 소쉬르, 『일반언어학 노트』(2006), pp. 227-228.

31) 소쉬르, 『일반언어학 노트』(2006), p. 226.

32) 소쉬르, 『일반언어학 노트』(2006), p. 216.

33) 소쉬르, 『일반언어학 노트』(2006), p. 229.

34) 소쉬르, 『일반언어학 노트』(2006), p. 232.

35) 소쉬르, 『일반언어학 노트』(2006), p. 233.

36) 소쉬르, 『일반언어학 노트』(2006), p. 202.

37) 토마스 쿤, 『과학혁명의 구조』(1999), p. 183.

38) Godel 1969: p. 31.

39) 소쉬르, 『일반언어학 노트』(2006), p. 83.

40) 소쉬르, 『일반언어학 노트』(2006), p. 88.

41) 소쉬르, 『일반언어학 노트』(2006), p. 52.

42) 소쉬르, 『일반언어학 노트』(2006), p. 51.

43) 소쉬르, 『일반언어학 노트』(2006), p. 89.

44) 소쉬르, 『일반언어학 노트』(2006), p. 93.

45) 소쉬르, 『일반언어학 노트』(2006), p. 40.

46) 소쉬르, 『일반언어학 노트』(2006), p. 38.

47) 소쉬르, 『일반언어학 노트』(2006), p.40.

48) 소쉬르, 『일반언어학 노트』(2006), p.76.

49) 소쉬르, 『일반언어학 노트』(2006), p.42.

50) 소쉬르, 『일반언어학 노트』(2006), p.47.

51) 소쉬르, 『일반언어학 노트』(2006), p.131.

52) 소쉬르, 『일반언어학 노트』(2006), p.37.

53) 소쉬르, 『일반언어학 3차 강의』, p.11.

54) 소쉬르, 『일반언어학 강의』(1990), p.43.

55) Derrida 1967: p.76.

56) 소쉬르, 『일반언어학 강의』(1990), p.142.

57) *LG/MM*, p.21.

58) *LG/MM*, p.21.

59) *LG/MM*, p.330.

60) *LG/MM*, p.313.

61) *LG/MM*, p.156.

62) *LG/MM*, p.143.

63) *LG/MM*, p.132.

64) *LG/MM*, p.77.

65) *LG/MM*, p.76.

66) *LG/MM*, p.130.

67) *LG/MM*, p.130.

68) *LG/MM*, p.382.

69) *LG/MM*, p.229.

70) *LG/MM*, p.100.

71) *LG/MM*, p.38.

72) *LG/MM*, p.39.

73) *LG/MM*, p.115.

74) 소쉬르, 『프랑스 작시법 강의』, p.8.

75) *MSM*, pp.21-22.

76) *MSM*, p.33.

77) *MSM*, pp.28-29.

78) *MSM*, p.73.

79) *MSM*, p.80.

80) *MSM*, pp.81-82.

81) *MSM*, p.149.

82) *MSM*, p.150.

83) *MSM*, p.152.

84) 소쉬르, 『일반언어학 노트』(2006), p.115.

85) 소쉬르, 『일반언어학 노트』(2006), p.78.

86) 소쉬르, 『일반언어학 노트』(2006), p.118.

87) 소쉬르, 『일반언어학 강의 비판본』(1967), p.38.

88) 소쉬르, 『일반언어학 노트』(2006), pp.79-80.

89) 소쉬르, 『일반언어학 강의 비판본』(1967) 엥글러: p.192 III C 346.

90) Derrida 2007: p.111.

91) Derrida 2014: pp.112-113.

92) Derrida 2007: p.113.

참고문헌

김방한, 『소쉬르』, 민음사, 1998.

김성도, 『로고스에서 뮈토스까지』, 한길사, 1999.

김현권, 「소쉬르와 역사언어학적 전통(1)」, 『언어학 제22호』, 한국언어학회, 1998, pp.191-215.

김현권, 「소쉬르의 인도유럽어 원시 모음체계 논고와 일반언어학 강의의 방법론적 비교」, 『한글』, 한글학회, 2008, pp.57-99.

니체, 정동호 옮김, 『차라투스트라는 이렇게 말했다』, 책세상, 2000.

니체, 이진우 옮김, 『비극의 탄생 · 반시대적 고찰』, 책세상, 2005.

미셸 푸코, 이규현 옮김, 『말과 사물』, 민음사, 2012.

소쉬르, 김현권, 최용호 옮김, 『일반언어학 노트』, 인간사랑, 2008.

소쉬르, 최승언 옮김, 『일반언어학 강의』, 민음사, 1990.

에밀 벤베니스트, 김현권 옮김, 『일반언어학의 제문제』, 한불문화출판사, 1988.

질 들뢰즈, 이정우 옮김, 『의미의 논리』, 한길사, 1999.

최용호, 『언어와 시간』, 박이정, 2000.

최용호, 「『일반언어학 노트』: 기호에서 가치로 ― 텍스트 없는 텍스트성과 텍스트성 없는 텍스트 간의 긴장」, 『기호학연구』 19권, 2006.

토마스 쿤, 김명자 · 홍성욱 옮김, 『과학혁명의 구조』, 까치, 2013.

Choi Yong Ho, *Le problème du temps chez Saussure*, Paris, L'Harmattan, 2002.

Davis, Boy, *Essai pour réduire les mots du grec, du latin et de l'allemand à un petit nombre de raines,* in *CFS 32,* 1978.

Déguy, Michel, La folie de Saussure, in *Critiques 26,* 1969, pp.20-46.

Derrida, Jacques, *De la grammatologie,* Paris, Les Editions de Minuit, 1967.

Derrida, Jacques, Le souverain bien—ou l'europe en mal de souveraineté, CARN, 2007.

Jacobson, Roman, 'Principes de phonologie historique', in Troubetzkoy, *Principes de phonologie,* Paris, Klincksieck, 1931(1976), pp.315-336.

Jacobson, Roman, 'Saussure's unpublised reflexions on phonemes', in *CFS 26,* 1970.

Joseph, E. John, *Saussure,* Oxford, 2013.

Marinetti, Anna e Marcello Melli, *F. De Saussure Le leggende germaniche,* Libreria Editrice Zielo – Este, 1986.

Reichler-Beguelin, Marie-José, Des formes observées aux formes sous-jascentes, in *Présence de Saussure,* 1990, pp.21-37.

Saussure, F. de., *Cours de linguistique générale,* Edition critique par Rouldolf Engler tome 1. Wiesbaden, Otto Harassowitz, 1967.

Saussure, F. de., *Mémoire sur le système primitif dans les langues indo-européennes,* Leipzig, Teubner, 1879.

Saussure, F. de., *Troisième cours de linguistique générale(1910-1911), d'après les cahiers d'Emile Constantin, Saussure's Third Course of Lecture on General Linguistics(1910-1911),* edited and translated by Eisuke Komatsu & Roy Harris, Oxford/New York/Tokyo, Pergamon Press, 1993.

Starobinski, Jean, *Les mots sous les mots,* Paris, Gallimard, 1971.